Alain Vircondelet

Guernica 1937

Roman

Flammarion

ISBN : 978-2-0813-5232-2

Première partie

AVANT *GUERNICA*

1

Très vite, il avait imposé ses habitudes. Elles ne souffraient aucune discussion : en fin de matinée, il lui téléphonait pour lui dire de venir déjeuner chez lui. Il ne prenait pas de gants pour la convoquer : « Venez ! » disait-il laconiquement. Au début, sa liberté de ton l'avait fait sourire, mais plus secrètement, elle s'en était étonnée. Elle se rendait ponctuellement au rendez-vous, sans broncher, faisait croire qu'elle lui obéissait. Elle feignait de ne pas s'offusquer de ses injonctions, mais tout en elle se cabrait. Elle n'avait jamais douté de son propre caractère : elle serait ainsi toujours sur le qui-vive, prudente, mais bravache surtout…

De fait, lui aussi ne se berçait pas d'illusions à son sujet : il n'était pas encore tout à fait convaincu de son apparente docilité, ni même de sa fidélité. Dora restait une énigme pour lui. C'était pour cela qu'elle le fascinait, irrésistiblement. Elle avait révélé en lui sa vraie nature que l'image solaire, méditerranéenne qu'on lui prêtait, avait occultée. Celle qu'il s'ingéniait à dissimuler, croyant maîtriser cette mélancolie profonde, sombre et funeste, qu'il savait logée en lui. On le pensait conquérant quand il se savait le plus souvent dépendant, puissant quand il était faible, alourdi d'une histoire ancienne qui dépassait sa propre personne.

Quelquefois, il s'imaginait sans véritable identité. Disponible à la peinture seulement. Il n'était pas familier, peu enclin aux confidences, il n'aimait pas trop s'étendre sur lui-même. On prétendait que c'était une manière de garder son mystère. Lui savait qu'il parlait peu pour faire taire son désespoir, sa détresse.

Dora avait tout perçu de cette violence et de sa brutalité, de sa férocité aussi qui ne lui faisait pas peur, parce qu'elle était une guerrière, passionnée, peut-être plus violente que lui encore.

Elle disait que rien n'était innocent dans leur rencontre, qu'une conjonction d'astres l'avait préparée et qu'il n'avait fallu donner qu'un tout petit coup de pouce pour que tout s'organise et s'ordonne : elle serait sa maîtresse, il serait son amant, il peindrait, elle peindrait aussi, ils s'aimeraient et tous ceux qui les entouraient jusqu'alors ne pourraient pas les séparer. La Cour de Picasso ne lui faisait pas peur : un cortège de flatteurs et de médiocres. Aucun n'avait sa force de déesse, son autorité. Elle aimait se parer comme une reine en exil : souvent vêtue de noir, un collier ou une broche très baroque, des lèvres peintes d'un rouge profond, des sourcils bien redessinés au crayon, et comme une signature, des ongles toujours parfaitement soignés, laqués de rouge.

Autrefois, son père, à Buenos Aires, l'appelait la reine Théodora. Tout en lui tenant la main, dans les rues de la ville, Il disait aux gens qu'il rencontrait : « Regardez, c'est ma petite reine, Théodora, ma fille. Ma fille adorée. » Et toujours elle avait cru cela : elle était la reine, elle aurait des admirateurs et des sujets. On serait toujours à ses genoux, on se prosternerait devant elle, c'est elle seule qui déciderait à qui accorder son regard. Était-ce depuis cette époque qu'elle avait pris l'habitude de se tenir toute droite, presque raide, rigide en tout cas, et qui lui donnait cet air prétentieux, autoritaire, cassant ?

Dès son arrivée à Paris, elle avait longtemps hésité à garder son prénom. Ce qui lui déplaisait, c'était sa première syllabe. Cette référence constante à Dieu avait fini par l'irriter. Et puis un jour, elle s'était décidée : elle serait cette reine qui n'aurait pas besoin de Dieu. Elle régnerait dans Paris avec ces deux seules syllabes : Dora, qu'on adorerait, à laquelle on se vouerait, qu'on invoquerait. Adorée Dora…

Picasso, depuis des mois déjà, ne savait pas exactement sur quel pied danser avec elle. Il n'était pas prêt à se jeter vraiment à ses genoux, et pourtant, pour la première fois de sa vie, c'était une femme comme il les aimait au plus secret de lui, qu'il avait conquise. Pas une vierge, pas une prostituée, pas une fille des bas quartiers de Barcelone, celles qu'il fréquentait jadis, pas une femme fragile, comme une enfant qu'il fallait protéger, mais une femme qui tenait de tout à la fois, forte et faible, virile et féminine, une femme qui osait tout, lui tenait tête, intelligente et brutale, passionnée et sombre comme lui, qui connaissait la douleur et la souffrance, qui brûlait d'un feu qui ne s'éteignait jamais, et rêvait d'idéal et de beauté. C'étaient ces femmes-là qu'aimait Picasso, des Amazones, des conquérantes, avec lesquelles il pourrait explorer des terres inconnues, dangereuses, des femmes qui aimaient le risque. Des femmes sans enfant aussi, qui inaugureraient avec lui des espaces neufs, inédits. « Dora, oui, se disait-il, est de celles-là. Terrifiante et si faible en même temps. »

Elle n'avait jamais eu de doute sur l'ascendant qu'elle exerçait sur Picasso. Elle se croyait à ce moment-là de leur courte existence commune, à peine quelques mois, invincible. Elle croyait tenir la situation en main. Elle croyait à sa force. À son rayonnement de reine.

Pour s'en assurer, elle revenait toujours à l'enfance, à Buenos Aires, à son père, rarement à sa mère, c'était Markevich, Joseph, de son prénom, qui était devenu au fil des années sa plus grande référence masculine. Tous les hommes qu'elle avait fréquentés, jamais n'arriveraient à le surpasser. Lui, le père, architecte de gratte-ciel à Buenos Aires.

— Regarde ma nouvelle tour. Babel, c'est Babel, lui disait-il. Toujours plus haut, jusqu'à toucher le ciel, je t'y ferai monter et tu rejoindras ton royaume.

Petite fille, adolescente, elle se voyait parée de perles et de pierres, comme l'impératrice byzantine, accompagnée de sa suite, et qui ornait un mur de la cathédrale de Sofia. Son père la lui avait montrée dans un livre. Elle serait donc comme elle, ruisselante de joyaux, et du haut du dernier étage de l'immeuble que son père aurait construit, elle crèverait les nuages, le ciel, et entrerait dans son royaume.

Adorée Dora qu'on attendait depuis le début des temps !

Cette vanité-là, c'était sa seule richesse. Elle ne comptait sur rien d'autre. Elle avait voulu Picasso, pas pour la gloire, pas pour l'argent, mais parce qu'il était à ses yeux de la même veine qu'elle, fait de la même étoffe, porté par la même ambition, divine, sacrée. Avec lui, elle avait pensé qu'ils fonderaient ce royaume.

Souvent, depuis le début de leur liaison, elle avait évoqué le lien qui les unissait. Picasso, qui n'était pas très expansif, ne s'engageait guère dans ce genre de conversation, il la laissait parler, délirer ; « Elle est un peu folle, Dora », disait-il à ses amis. Éluard, le premier courtisan, approuvait de la tête, mais il était quand même sous le charme de Dora.

Elle parlait souvent à Picasso de l'exil, pas seulement celui qui les avait fait partir tous deux de leur lieu de naissance, mais d'un exil plus lourd encore à porter, un exil que la solitude spirituelle engendrait, un manque, une perte indéfinissable de quelque chose qu'aucun d'eux n'arrivait à formuler. Un trou vaste et obscur : « Un puits, disait Dora, un puits sans fond. » Alors la douleur se faisait plus aiguë. Elle perçait comme une lame, dans le cœur, elle disait « le cœur » pour donner une image, mais c'était encore plus profond que le cœur, plus éloigné, un lieu qui donnait le vertige et qui emportait tout avec soi.

Picasso disait qu'il fallait réagir à cette folie, celle d'être conscient de ce malheur. Il précisait bien que ce malheur était celui des tragédies grecques, implacable, indépassable. Et en apparence invincible. Il lui disait aussi que créer, peindre, et encore peindre, seulement ça, pouvait faire reculer le malheur. Qu'ils étaient assez forts pour repousser le destin.

À ce moment-là, Dora se sentait rassurée. Elle redevenait la petite fille que son père réconfortait. Était-elle vraiment rassurée ? Ou bien feignait-elle de l'être ? Picasso en profitait pour réveiller le taureau qui sommeillait en lui et qui jamais ne renonçait à posséder. Il lui faisait l'amour, violemment, sans tendresse, comme une bête noire, semblable à celles qu'à la même époque il commençait à dessiner, au fusain, au crayon. Des bêtes au cou massif, comme des troncs de vieux chêne, des bêtes qui écrasaient leurs proies sans les regarder. Et les pénétraient, les pupilles de leurs yeux dilatées fixant la nuit d'où elles venaient. Et Dora n'avait jamais compris pourquoi elle éprouvait à ces instants-là une sorte de douceur insigne, comme une coulée de larmes qui monterait d'elle, de son ventre. Comment même pouvait-elle supporter le poids de la bête ? Par quel miracle, quelle force aussi qui, soudain, l'envahissait, la faisait résister et s'abandonner tout à la fois à l'élan du monstre ?

Elle voulait se persuader qu'elle allait triompher de celui qu'on appelait le Maître et dont personne ne remettait en question la parole, le talent et même le génie. Elle avait repéré assez tôt sa force rayonnante, son allure de torero qui n'avait peur de rien, avançait dans la nuit de l'arène et aimait s'y risquer. Elle avait deviné son goût du sang et de la mort. Sa manière continuelle de défier la vie, de l'aimer plus que tout, et en même temps de la savoir si fragile et si peu victorieuse. Car toujours elle considérait que tout allait à l'eau, à la perte des êtres et des choses.

À Buenos Aires, ce qu'elle avait perçu de la vie, dans son regard d'enfant, c'était la brisure des tangos, le rythme qui soudain s'affaissait, partait vers une agonie, se fêlait et qui tentait de se reprendre, de rebondir, de redonner de la voix, d'aller la chercher au fond de la gorge, pour s'écraser au bord des lèvres. « C'est pourquoi, disait-elle, le tango me ressemble. » Il y avait comme ça des choses dans la vie qui se rejoignaient et venaient s'échouer sur des rivages solitaires : elle connaissait bien ces lieux-là, des plages sombres qui appelaient toujours les yeux vers l'infini, illimité, inaccessible, indéchiffrable. Elle pensait qu'avec lui, au moins, elle aurait quelques clés pour avancer, pour apaiser l'angoisse.

Elle n'était pas devenue l'amoureuse idolâtre, le genre de filles qui couraient après Picasso, qui s'enorgueillissaient de le rencontrer et même de coucher avec lui. Il avait trop aimé les filles faciles, les amours d'un soir, même si avec Olga ou Marie-Thérèse, il avait joué, sans y croire lui-même, à l'amant sage, au couple fidèle. Dora savait tout cela.

Elle avait toujours gardé son quant-à-soi, de sorte que rarement Picasso avait pu vraiment prétendre la connaître. Sa manière de l'aimer, brutale et violente, était une manière de se venger de ne pas la percer davantage, alors qu'il forçait son corps : le taureau toujours.

— Ce serait ainsi, prédisait-elle, la corrida, le sang, les coups de lance, l'épée qui traverse les chairs, et le corps pantelant traîné par les chevaux.

D'emblée, elle avait posé les règles du jeu.

— Elle ne manque pas de toupet, l'arrogante Dora, disait la Cour.

2

L'année 1937 avait commencé sous ces auspices. Sans réverbération du monde alentour. Tous deux sentaient bien monter des menaces, des lueurs de guerre qui commençaient à éclairer l'Europe entière, mais à Paris, dans l'espace qu'ils s'étaient choisi, ils avaient établi des frontières pour ne pas être atteints par l'extérieur.

Dora rêvait de cette vie entièrement vouée à l'art, dans ce « cocon » où seuls Picasso et elle existeraient, à l'abri des autres, loin de ceux qui propageaient des rumeurs, les épiaient, espéraient déjà la fin de leur liaison. Elle disait un « cocon » mais au fond d'elle-même, elle n'y croyait pas trop. Elle savait qu'il s'agissait plutôt d'une arène, quelque chose qui serait mortel à la fin de la partie. De sorte que leur vie solitaire et les reflets du monde semblaient bien s'accorder.

L'arène fatale, elle en connaissait l'attraction. Celle surtout qui fascinait Picasso, excitait sa soif de passion, sa cruauté quand, dans les tribunes, debout, ses mains agrippées au premier rang contre les palissades de bois, quand seuls ses yeux apparaissaient, fureteurs, aiguisés comme des lames, il se laissait aspirer par la violence de la scène. Elle avait compris dès sa première rencontre avec lui que ce serait ainsi : le soleil noir, âpre, brutal, celui de l'aplomb de midi, quand il abat toutes les plantes dans la campagne, étreint de soif les champs, brûle les talus, le soleil implacable et elle avait vu aussitôt qu'il en jouissait de tout son petit corps trapu, mais bien droit sur ses jambes pourtant courtes, animé d'une force souterraine, loin, si loin de la mollesse de Bataille qui l'avait initiée au sadomasochisme.

D'abord, il y avait eu leur fameuse rencontre. La scène inaugurale. Le début du monde. Contrairement à ce que tous pouvaient penser, ce n'était pas seulement lui qui avait jeté son dévolu sur elle. On l'avait cru pourtant à quelques ragots rapportés ici et là.

Picasso avait, dit-on, visité le studio-atelier de Man Ray qui lui avait montré ses derniers travaux. Il était tombé en arrêt devant deux portraits d'une femme inconnue, farouche et sublime à la fois. Stupéfait par sa beauté, il avait voulu en savoir davantage. Man Ray, qui n'était pas très généreux ni disert, n'avait pas cherché à l'éclairer.

— « Dora, elle s'appelle Dora », avait-il dit seulement.

Picasso n'en finissait pas de contempler les portraits. Il émanait d'eux, selon lui, comme une force magique.

— C'est une étrangère, à coup sûr, regarde-la bien, elle vient de loin, pas d'Orient, d'Amérique latine plutôt ou peut-être seulement d'Espagne, mais l'Espagne de Goya. Son profil, sa force, elle est unique.

— Oui. Elle est d'origine croate, elle vient de Buenos Aires cependant, elle est la maîtresse de Bataille.

— Dora, avait murmuré Picasso, en séparant bien les deux syllabes.

Il avait dit son nom lentement, à voix haute, mais doucement, comme deux notes qu'il égrènerait, une grave et une autre plus élevée, plus haute, et déjà en lui, c'était comme un chant qui sortait de ses lèvres. Dora... Dora...

— Je la veux, avait-il ajouté.

Ils en avaient ri tous les deux, de sa franchise, de sa lubrique franchise. Il y avait toujours en lui quelque chose d'un chasseur, qui aimait traquer ses bêtes dans les bois. Il aimait de préférence les bêtes les plus sauvages, celles qui lui donnaient du fil à retordre, non pas par masochisme mais pour mieux ensuite les posséder et les soumettre. Man Ray connaissait son instinct d'ogre ou de grand fauve. Picasso, lui, préférait se réfugier dans la mythologie grecque, il aimait l'histoire du Minotaure pour cela : l'antre obscur où il traînait ses victimes. C'était un ogre et un Minotaure souvent furieux, et en même temps, le petit garçon des faubourgs de Barcelone ou de Málaga qui peignait comme

Raphaël, qui avait tout compris de la peinture dès l'enfance, et qui, avant même de commencer sa carrière, l'avait déjà achevée parce qu'il possédait le don suprême.

Il était comme sidéré par les portraits. Sur l'un, Man Ray avait coiffé Dora d'une auréole de plumes qui lui donnait l'air étrange d'une déesse peau-rouge. Il était encore sceptique sur l'ascendant que prenait la photographie dans le monde de l'art. Il croyait toujours à la primauté de la peinture, à sa capacité à fournir des renseignements, des indices sur le secret des êtres. Mais le talent de Man Ray l'éblouissait.

Il allait de long en large dans l'atelier. Regardait les clichés, avait l'impression qu'il avait fait comme une découverte.

— Cette femme, Dora, est extraordinaire. Au-delà de ton œil, il y a cette femme, qui te fait traverser d'autres terres, qui te fait franchir d'autres frontières.

Man Ray lui montra de nouveaux clichés. C'était quelque chose d'intime qui se dévoilait, comme une âme mise à jour, offerte dans sa nudité. « Dans sa cruauté aussi », pensait-il.

Picasso revint vers la table jonchée de photos. Reprit le photomontage, solarisé, l'ovale du visage parfaitement englobé dans la coiffe, trouva qu'elle avait quelque chose aussi d'une nonne : un visage qui surgissait soudain d'une aura mystérieuse, et révélait des yeux presque extatiques, des yeux qui venaient, pour celui seul qui la regardait, de jouir. Les narines enflées comme celles d'une bête, et des lèvres pulpeuses, parfaitement dessinées.

Man Ray lui fit remarquer le rôle de la main : des doigts fins et à peine potelés, mais lisses, comme des anguilles, au bout desquels des ongles laqués viennent s'appuyer sur son front. « Une main experte à la masturbation, lui dit-il à mi-voix, agile à se mouvoir. »

Il voulut voir d'autres clichés. Deux épreuves gélatino-argentiques. Dora toute vêtue de noir, son bras entourant son visage, le visage grave comme celui d'une Madone espagnole, mystérieuse, menaçante aussi. Oui, c'était peut-être en regardant ces clichés qu'il était tombé amoureux de Dora, comme si l'unique apparition de son visage l'avait installée dans sa vie. Picasso était revenu de sa visite chez Man Ray profondément troublé.

Il avait voulu emporter un des clichés chez lui pour se retrouver seul avec elle, en rêver. « Elle était, disait-il, d'une beauté jamais encore repérée. » Jamais, non, jamais, il n'avait eu affaire à ce genre de femme, il en connaissait pourtant la trace, il en avait croisé dans sa jeunesse, dans les églises de Barcelone ou de Málaga, des visages de madones, drapées de velours noir, la poitrine percée de sept glaives, et qu'on sortait sur des chars d'argent, les jours de Vendredi saint. Il connaissait ces visages d'où coulaient des perles translucides, des *Mater dolorosa* qui fendaient dans sa jeunesse les ruelles de la vieille ville, et le silence de leur douleur, retenue comme un cri dans la bouche.

Man Ray avait résisté pour lui donner un des clichés. Mais il s'en était emparé, l'avait mis contre sa poitrine, glissé sous son imper, et puis était parti comme un voleur, vite, impatient de dévoiler l'icône.

Il avait filé dans la nuit, détenteur d'un trésor dont il ignorait encore où il le conduirait.

3

C'est comme cela que tout avait commencé. Il s'était pourtant cru délivré de toutes ces histoires sentimentales, de ces histoires d'amour que sa peinture, son art balayaient régulièrement. Il avait toujours voulu rester le maître de toutes ces aventures. Mais au fond de lui résistait l'idée de se frotter à une femme forte, à une déesse. Une femme qui le défierait. Parce que, jusqu'à présent, toutes celles qu'il avait connues lui étaient soumises. Il savait qu'il n'avait pas besoin d'une muse ou d'une égérie. Du moins de celles que les peintres ont coutume de s'attacher, dévouées, dociles, jolies… Mais d'une femme qui aurait la force ténébreuse d'une bête sauvage, comme celles qu'il aimait croiser dans les arènes, une femme qui viendrait d'un monde à lui inconnu. Et qui parlerait quand même la même langue que lui, qui viendrait de très loin comme lui qui se disait étranger au monde parce qu'il avait, selon l'expression de sa mère, « le don ». Celui de peindre l'invisible.

Oublier donc les dociles, les modèles trop obéissants, se jeter dans des aventures plus sauvages, plus mortelles. Depuis longtemps, il avait aspiré à quelque chose de plus tragique. Renoncer à sa vie trop luxueuse, tout ce qui était la preuve de sa réussite, la voiture, le chauffeur, ses gants blancs, le majordome, « le chef de cabinet », Sabartés, qui était le plus courtisan de tous. Il avait voulu tout ça, pour faire pièce à sa vie de bohème, aux facéties de sa jeunesse, et à Olga, la danseuse russe, qui avait tout fait pour l'embourgeoiser, lui donner l'air d'avoir réussi. Il en était resté une amertume logée au fond de lui-même, une sorte de haine pour les facilités de la vie, un dépit qui lui avait fait regretter le temps des locations minables à Montmartre, des nuits froides au *Lapin Agile*, au *Bateau-Lavoir*, des soirées à refaire le monde avec ses amis. Et puis tout avait basculé dans la notoriété, désirée et finalement pas assumée.

Une femme nouvelle, oui, qui l'entraîne dans le sauvage du monde. Sur ses terres illisibles.

« Elle serait aussi forte que moi, se disait-il, aussi brutale pour forcer les portes, oser franchir des lignes interdites, se risquer. Car l'important, c'est le risque, ne jamais se répéter. Détruire d'abord pour inventer, constamment inventer. »

Ni la peinture ni la politique n'avaient alors ses faveurs. Sabartés s'en était étonné, lui avait fait part de son inquiétude, de son incompréhension devant son délaissement. Olga, Marie-Thérèse, tout le lassait, mieux encore l'indifférait. Sauf Maya, peut-être, la petite fille que venait de lui donner

Marie-Thérèse. Il fallait chercher quelque chose, très loin, qui puisse raviver l'exil intérieur. Il revenait souvent vers lui, cet exil, il le talonnait, ne le lâchait jamais vraiment. Il s'était mis, sur les conseils de Breton ou d'Éluard, à écrire des poèmes dans le goût surréaliste qui lui venait spontanément à l'esprit, des mots en rafale qu'il écrivait aussitôt sur des bouts de papier.

Il écrivait concentré, indifférent à Sabartès qui allait et venait. C'était le seul qui se permettait ces choses-là, familières, domestiques, des gestes de femme qui prend soin de l'être aimé, allumer le plafonnier parce qu'on ne voit plus rien dans la pièce, fermer les volets, tirer les rideaux pour réchauffer un peu la pièce, mettre du bois dans le poêle.

Le seul aussi à oser dire des banalités que Picasso aurait interrompues immédiatement en jurant, parce qu'elles brisaient son silence intérieur, le renvoyaient à des histoires quotidiennes, subalternes. « La nuit tombe vite, en ce moment », ou bien, « L'humidité est grande aujourd'hui ». Mais tandis qu'il écrivait ses poèmes, il aimait entendre ces choses-là, qui évoquaient pour lui des moments heureux, doux, apaisés.

Se sentait-il vraiment poète ? Fallait-il remettre en question tout ce qu'il avait fait déjà en tant que peintre ? Accorder la suprématie de l'art à la poésie ? La peinture cependant ne lâchait pas son emprise. Où devrait-elle seulement se porter ? Vers quels territoires devrait-il se rendre ? Il redoutait surtout les fins d'après-midi chez lui, disait qu'il y trouvait de quoi moudre toute sa solitude, son ennui, inexplicable à lui-même comme si son désir de créer, si farouche qui le tenaillait tout le temps, finissait par l'épouvanter, par faire monter en lui une sorte d'angoisse profonde que rien ne saurait endiguer. L'élan, le désir, revenait le plus souvent pour le soulager, mais il redoutait les heures grises des crépuscules, celles où la nuit commençait à s'installer. À ces heures-là, il préférait sortir, rencontrer ses amis, aller boire un verre dans le quartier.

La liaison avec Dora n'avait pas mis fin à ses angoisses, tout au mieux l'avait-elle distrait, diverti. D'abord, elle l'avait occupé comme on parle de l'occupation d'une ville ou d'un siège. Il avait été épaté de son audace, de la mise en scène de la rencontre qu'elle avait inventée, traitée en dramaturge, en s'octroyant le premier rôle, grandiose, souverain. Il n'avait pas reparlé avec elle des circonstances dans lesquelles elle avait préparé l'instant incroyable. Ce qui l'avait vraiment motivée. Elle aussi n'insistait pas sur l'événement. Il y avait eu cette corrida incroyable, dont il avait conservé les instants de manière indélébile. Il fallait en quelque sorte que l'histoire reste de l'ordre du secret, de l'innommé, qu'elle demeura ainsi opaque, ténébreuse. Il faudrait, de toutes les façons, ne pas chercher à comprendre les raisons de son acte. Comme il ne se demandait jamais, sous le soleil de plomb de la corrida, les raisons de cette mise à mort, l'impossible explication. Tout devrait résonner comme un fait du destin, aveugle, indéchiffrable.

Aujourd'hui encore, confusément, il se disait pris au piège de cette histoire. Il l'avait voulu cependant, mais il en était à demi satisfait.

Souvent lui revenait à l'esprit l'instant où tout s'était décidé. Il en souriait encore, amusé même de la folie de Dora, de son impudence. De son autorité. Le jour fameux où elle déboula dans la brasserie.

C'était en octobre 1935. Dora, hautaine comme une reine d'Orient flanquée de sa suite, les lèvres peintes, et ses gants, interminables, ornés d'applications de petites roses brodées qui grimpaient le long de ses bras, jusqu'aux coudes.

Elle avait repéré le petit groupe d'amis qui gravitaient autour de Picasso : la Cour habituelle dont elle connaissait les visages parce qu'ils ne quittaient jamais le Maître. Il se divertissait avec eux, les utilisait d'une certaine manière, après le labeur, après les heures à imaginer, à peindre, à inventer ce temps qu'il aimait par-dessus tout parce qu'il était dans son monde, dans son univers.

Dora s'était donc avancée, fendant la grande salle, les clients attablés ici et là ; elle s'était assise dans le groupe, énigmatique, interrompant les conversations, belle, infiniment belle, mais de cette beauté hiératique, presque inquiétante : une beauté intelligente dont se méfiaient a priori tous les hommes qui étaient là, préférant des filles plus jolies, plus excitantes, plus féminines en un mot. Picasso, avec sa vivacité d'esprit, ce regard de lame qui le caractérisait, avait remarqué la masculinité de son visage, ses maxillaires lourds, ce visage un peu épais et grave, et qui retenait cette étrange virilité et en même temps une féminité venue d'un âge lointain, la beauté des déesses antiques, semblables à celles qu'il admirait lors de ses fréquentes visites au Louvre.

Elle s'était assise et, sans parler, avait posé son sac sur la table juste en face de Picasso. Tous autour voyaient qu'elle ne voulait s'intéresser qu'à lui, qu'ils étaient insignifiants ou transparents : c'était une forme de déclaration d'amour, de provocation amoureuse qui effaçait les autres. Picasso avait regardé Éluard, interrogatif et déstabilisé, qui lui aussi était resté sans voix. Dora suivait son plan méthodiquement : d'abord elle ouvrit son sac, puis en tira un petit couteau. Elle n'avait besoin que de lui, semblait-il. Elle posa ses longs gants brodés, qui faisaient penser à ceux que portaient les élégantes de *L'Illustration* et posa sa main gauche sur la table. En écarta les doigts et, à l'aveugle, elle planta son couteau entre les phalanges. Le jeu devenait cruel au fil des minutes car des gouttes de sang commencèrent à perler sur ses doigts. Elle avait des mains particulièrement soignées, des ongles laqués, sans aucune écorchure et une grâce particulière, inexplicable, dans la manière qu'elle avait de les mouvoir. Le jeu se poursuivait silencieusement, il y avait de la terreur dans le regard de certains (« Elle est folle, vraiment ! » pensaient-ils), de l'excitation chez d'autres et Picasso considérait, médusé, l'audace de cette femme.

Dora connaissait la qualité du silence qui régnait ici, elle en savait la portée violente et profondément érotique qui s'en dégageait, parce qu'elle l'avait repérée et vécue avec Bataille, l'amant érotomane, qui compensait ses faiblesses sexuelles, ses molles érections par la lecture de magazines pornographiques, achetés sous le manteau, dont il faisait collection, et surtout par ces cérémonies sadomasochistes auxquelles il avait tenu à initier Dora, pas si intéressée pourtant. Elle avait donc été contrainte de participer à ces sortes de messes noires, exercices pratiques des textes que Bataille écrivait, et qu'elle avait été tenue de lire. Cérémonies rituelles où la petite assemblée d'initiés se faisait peur en profanant, en exhibant une participante consentante qui, nue sur une table, voulait s'approcher le plus possible de la mort. Dora avait assisté à ces scènes de profanation où l'on égorgeait des bêtes sur le ventre d'une fille, et le silence, impeccable, montait alors comme un chant de louange ; c'était un cantique qui n'était pas audible, bâillonné, et qui soulevait une énergie noire, mais puissante. Elle ressortait de ces séances fatiguée, lasse et salie, mais elle en avait retenu les étapes, impressionnée par la force de ce silence qui s'était échappé de la pièce. Un silence identique à celui des dancings de Buenos Aires, où son père tout-puissant l'emmenait petite fille. Elle était fascinée par la musique et la concentration des danseurs. Elle avait toujours pensé que c'était un jeu bizarre, qui faisait penser à un combat, qu'il s'agissait confusément d'une histoire de vie et de mort. Et elle aimait ça, même si elle ne voulait participer à aucun de ces jeux érotiques, se contentant plus tard de les photographier. Aux *Deux Magots*, pas de paroles, pas de conversations, cette même sidération sur le visage de Picasso, cette mine renfrognée qui accusait ses traits lourds et impénétrables. Dora, tandis qu'elle plantait son couteau entre ses mains, ratant sa cible quelquefois, le regardait intensément. Elle lui disait par là : « Viens ici, je suis le torero et la bête à la fois, on peut jouer ensemble, je saigne et je me blesse, j'aime ce mal-là, viens me chercher dans l'arène, me prendre et me tuer, me faire saigner, viens à ton tour planter ton couteau dans ma chair, dans mes petites mains toutes roses. J'ai repéré que tu les avais déjà aimées. Viens alors. »

Ses yeux disaient cela, ils ne quittaient jamais ceux de Picasso, et plus les minutes passaient, plus elle blessait ses doigts. Puis, elle cessa le jeu. Remit son couteau dans son sac, et se leva sans dire un mot. Fit-elle exprès de laisser un des deux gants sur la table ou l'oublia-t-elle ? Elle franchit la porte de la brasserie et se perdit dans la foule, boulevard Saint-Germain. Picasso, effaré, se saisit du gant qu'elle avait laissé comme une dépouille mortelle, une trace de la bête tuée ou celle du torero blessé. Il ne savait qu'en penser, mais il le prit quand même, le mit rapidement dans la poche intérieure de sa veste et se leva aussi silencieux qu'elle, puis disparut dans la foule des passants.

Voleur de feu sûrement, puisqu'il savait à cet instant précis que Dora venait de le transpercer en plein cœur, et qu'il fallait la revoir pour la tuer à son tour, bien décidé à ne pas se laisser anéantir par l'inconnue dont il venait de découvrir la force. Il avait cru un moment qu'il en serait la victime, mais il s'était ressaisi très vite, il avait enfin trouvé sa proie. Tout recommençait donc, comme lorsqu'il s'était emparé de Marie-Thérèse, encore mineure, des années auparavant, en la croisant sur le trottoir des Galeries Lafayette.

Arrivé chez lui, il s'enferma dans son atelier où se trouvait une petite vitrine dans laquelle il déposait ses trésors, ses reliques. Il ouvrit la porte vitrée et y posa presque religieusement le gant sur lequel s'étaient figées quelques gouttes de sang. Le sang de Dora. C'est à ce moment-là qu'il s'était juré de la faire entrer dans son Labyrinthe et de la posséder dans sa chambre obscure.

4

En fait, Dora n'ignorait rien de l'inconscient de Picasso. Non pas qu'il fût de notoriété publique. Mais elle était assez fine pour pouvoir percer des choses secrètes. Elle se targuait souvent d'être une magicienne, « une sorcière qu'on n'aurait pas encore brûlée », affirmait-elle. Elle prétendait lire dans les cœurs, son regard traversait les êtres, les imaginaires de ceux qu'elle croisait. Elle assurait en avoir la force. Mais en même temps, elle aimait se blottir dans les souvenirs, ceux de son enfance déliée, lourde d'une mémoire qu'elle remisait au plus loin d'elle-même et qui revenait sans cesse en rafales pour l'assaillir, la troubler, la rendre mélancolique. Le père, toujours lui, le plus beau, le bâtisseur, le faiseur de gratte-ciel. Il lui avait légué son orgueil de reine, cette hauteur de vue sur le monde et les êtres qu'elle côtoyait, et ce désir fréquent de domination mêlé soudain à une terreur enfantine qui la rendait fragile, donnait envie de la protéger. De Picasso, elle avait aussi tout perçu. Il était un peu comme son jumeau. Ombre et lumière. Fort et faible. Féminin et masculin. Génial de toute manière, comme elle le pensait d'elle-même.

C'est pourquoi elle n'avait eu aucun scrupule à le séduire et à mépriser par là Marie-Thérèse dont elle connaissait bien sûr l'existence et le rôle qu'elle jouait auprès de lui. Elle affectait le plus profond mépris à son encontre, la trouvant balourde et peu intelligente. Elle, au contraire, était une artiste, une créatrice, une inventive. Elle jouait dans la même cour que celui qu'elle avait désigné comme sa proie. Imprudemment, sûrement !

Avec Jacqueline Lamba, son amie, elle avait manigancé un plan : Jacqueline serait pour André Breton, et elle-même se lancerait dans la grande aventure, celle de pénétrer dans la vie de Picasso.

— Impensable ; n'est-ce pas ? Inimaginable ? disait-elle à son amie, et pourtant je le ferai. J'inventerai l'histoire, il sera contraint de s'y rendre et d'y entrer.

Ce n'était pas tant par sa beauté qu'elle comptait y parvenir. Mais par sa force intérieure. Quelquefois, Jacqueline en avait peur, sa force était si évidente, si visible, son imaginaire rayonnait et jetait son éclat et ses ombres sur tous ceux qu'elle approchait. Elle se donnait aussi des airs suffisamment secrets pour les intriguer et même les effrayer. Jacqueline était dans cet état-là, de fascination et de docilité à son égard. Dora souvent en profitait. Elle aimait savourer cette emprise naturelle qu'elle avait sur certains. Petite fille, sa mère, qui était pieuse, l'avait mise en garde. Pas son père qui l'avait entretenue dans son orgueil naissant. Dans cette manière qu'elle avait de porter un regard hautain sur toutes choses, dans son caractère mystérieux, indéchiffrable. Il voyait en elle une vraie Markovitch, capable comme lui d'édifier des cités, de bâtir des immeubles. De créer des mondes. Elle aussi se reconnaissait dans ce père qui construisait des gratte-ciel, voulait toujours aller plus haut. Elle le voyait indocile, proche de tous ceux que sa mère lui déconseillait de fréquenter, des voyous, des mafieux, des gangsters même, des trafiquants, des industriels véreux, des proxénètes. C'est pour ça justement qu'elle lui trouvait du charme. Déjà, toute petite fille, elle aimait prendre sa main et arpenter avec lui les grandes avenues éclairées de Buenos Aires. Il l'emmenait boire des chocolats chauds dans une des pâtisseries les plus huppées de la ville qui faisait aussi salon de thé, et elle avait eu alors l'impression, mieux encore la certitude, d'être la plus aimée du monde.

« La plus aimée » : c'était là le cœur de sa douleur de femme, l'écharde secrète, qui faisait mal, qui saignait souvent. Elle n'en comprenait pas toujours réellement la raison car aux yeux de tous, elle avait été aimée de ses parents, rarement délaissée, choyée même, jamais maltraitée. Mais à d'infinitésimales choses, elle avait compris que sa mère ne l'aimait pas vraiment. Elle s'était réfugiée très tôt dans la lecture. Seule. Le plus souvent, elle s'était sentie abandonnée. Elle avait aussi appris à affûter son regard, à exercer ses yeux à l'art d'épier, de surprendre, de capturer. Elle emmagasinait ses images au fond d'elle-même et ne voyait plus après les choses de la même manière, comme si elles avaient été transformées en elle par une sorte d'alchimie incompréhensible.

À Jacqueline, qui était sa confidente, elle racontait de petites anecdotes de sa jeunesse à Buenos Aires ; des souvenirs qui déchiraient sa mémoire lui revenaient en rafales, lui procuraient toujours une émotion violente.

C'était d'abord le jour où, pour son anniversaire ou pour un Noël quelconque, elle ne savait plus, son père lui avait offert son premier appareil photographique. C'était un objet très à la mode à l'époque, et chaque famille aisée se devait d'en avoir un, signe de modernité et de réussite. Elle arborait fièrement son appareil qu'elle suspendait en bandoulière ; sa mère, elle s'en souvenait très précisément, veillait toujours à bien rabattre le col de son manteau quand elle le passait à son cou. Avec ses parents, le dimanche, elle arpentait fièrement les longues avenues, aimait croiser les voisins, son appareil photo bien en évidence, elle prenait ses parents, les passants, le paysage. Elle suppliait son père de faire développer au plus vite les bobines, et, quand il revenait avec les clichés, c'était comme une fête. Déjà, elle s'en souvient encore maintenant, la photographie avait pris une importance capitale dans sa vie. Elle conservait les photos dans un album, lui aussi acheté par son père qui la comblait de cadeaux.

— Ne la gâte pas trop, disait sa mère, elle deviendra insupportable et capricieuse.

Dora entendait tout ça, mais faisait semblant d'être occupée à d'autres choses, à lire, à jouer, à rêver.

Il y eut toujours en elle cette impression tenace d'exil, de séparation de soi, de fragmentation même. Elle était là, bien là, avec sa tenue très soignée à laquelle sa mère l'obligeait, ses cheveux bien coiffés avec des nœuds dans les cheveux, et puis elle n'était pas là, ailleurs, avec ses amies et pas avec elles, livrée à une sorte de mélancolie profonde qui la rendait de toute façon orpheline.

Le mouvement incessant qui régnait à Buenos Aires l'affolait, lui donnait le vertige ; c'était sans cesse la foule qui grouillait, des lumières électriques qui zébraient le ciel, la nuit, des affiches lumineuses, des passants qui parlaient à voix haute, un trafic dense et ininterrompu. Elle se réfugiait dans le silence, en elle-même. On la croyait timide ou réservée, quelquefois prétentieuse, mais il n'en était rien. C'était plutôt un retrait métaphysique, qu'elle ne contrôlait ni n'établissait consciemment, une manière de se retrouver, d'aller à l'essentiel d'elle-même.

La photographie ou plutôt l'art photographique n'avaient pu que lui plaire : son œil interne, si l'on peut dire, permettait de dévoiler le secret de ce qui était donné à voir, il semblait que son objectif, un œil énorme, cyclopique, qui captait tout, ouvrait le sujet convoité, choisi. Il y avait là quelque chose de profondément érotique et, plus simplement encore, de sexuel. Elle photographiait et c'était comme si elle écartait de ses doigts un sexe de femme, pétale après pétale, pour arriver au cœur vibrant des choses. Dans ces années-là de la rencontre avec le Minotaure, elle était devenue célèbre pour ses clichés surréalistes, imaginaires et tellement violents dans leur abrupte irréalité, qu'ils en devenaient évidents, réels. Elle aimait raconter ça à Jacqueline : la chasse aux images dans les rues de Paris, et puis après, dans son studio, le savant travail de refonte, le travail chirurgical, qui disait-elle finissait par devenir : « magique ».

— Tu traverses le sujet convoité, tu le surprends, tu t'en saisis, déjà tu es une lame, tu fends son image, tu le découpes comme avec un scalpel, tu découvres un monde obscur et vivant. Et tu vas toujours plus profond...

Les soirées folles de Bataille auxquelles elle était conviée avaient avivé son instinct brutal et viril. Elle y assistait tout en en étant dégoûtée, non pas honteuse, mais écœurée parce que les cérémonies étaient trop violentes, elles frôlaient trop la mort mais en même temps comment s'arracher à leur vue ? Jacqueline ne voulait pas en entendre parler. Mais Dora, elle, en capturait encore l'écho jouissif. Les corps nus, haletants, l'abandon des muses de Bataille, dont elle refusait de faire partie, se contentant de photographier ou encore d'observer les gestes incantatoires de ceux qui y assistaient, livrés à leur impuissance minable qu'ils transformaient en fêtes orgiaques et priapiques, la laissaient anéantie et béante. Elle ne participait à aucun des rites et, en même temps, elle en était une des plus actives vestales. Elle regardait avec avidité, savait entendre tous les râles et les cris de celles qui réclamaient de mourir et que Bataille et ses amis portaient savamment à l'orée de la mort.

Il lui avait appris les pouvoirs de la nuit, lui avait fait découvrir la fascination qu'elle pouvait exercer, et avait aiguisé son désir d'abandon, de chute, de soumission.

Le monde alentour brillait cependant de feux aux reflets inquiétants. Des rumeurs venues d'Allemagne laissaient présager des images infernales, des spectacles funèbres qu'elle n'aurait pas elle-même imaginés. Des rites sacrificiels qui faisaient écho aux soirées de Bataille où la mort, le corps des femmes, les tortures, les chasses à l'homme avaient leur part comme dans des contes fantastiques. De fait, à force de réinventer le monde, de traquer des images tirées du tréfonds d'elle-même – un fœtus de tatou, des êtres monstrueux et hybrides –, Dora s'était imaginée au cœur d'un monde surréel qu'elle découvrait au hasard de ce que les jours lui offraient. Elle aimait pour cela arpenter les marchés aux puces, toujours en quête de l'objet inattendu, c'est-à-dire mystérieux et qui n'était pas venu s'offrir à son regard par le pur fruit du hasard. Mais cette rencontre était à ses yeux organisée par un destin fatal qui la faisait entrer en contact avec l'invisible.

— La photo, tu vois, disait-elle à Jacqueline, c'est d'abord l'art de déchiffrer des choses secrètes. Elles n'ont l'air de rien et tu dois leur démontrer le contraire, ouvrir leurs portes, et avancer.

Il en allait de même avec le corps des femmes pour Bataille. Ouvrir une à une leurs lèvres, et atteindre le cœur rose de leur intimité, semblable, disait-il, à l'anus des gibbons…

Elle avait fini par croire au surréel comme étant le vrai réel, favorisant des situations, des états qui lui donneraient accès au Secret. Rimbaud n'était pas loin dans son histoire. Elle y croyait dur comme fer. Jacqueline était moins sensible à son outrance. Mais elle était bienveillante à son égard, elle la laissait parler, élucubrer des histoires dont elle était la conteuse exclusive.

5

Maintenant qu'elle était devenue la maîtresse de Picasso, elle se croyait invincible. Elle donnait en tout cas cette apparence à la Cour qui avait été bien obligée de la subir et de l'accepter, du moins le crut-elle un moment. Picasso, au début de chaque relation amoureuse, jouait toujours son va-tout. Il se faisait séducteur, non pas charmant mais charmeur, mais en vérité il jouait toujours les mêmes rôles, faisait les mêmes plaisanteries et utilisait les mêmes ruses. Dora n'en était pas dupe. Elle en riait un peu, quoique rire ne fût pas du tout son genre. Trop pénétrée de son génie, d'une appréhension du monde dont beaucoup déjà disaient qu'elle était profondément hystérique, elle avançait savamment ses pions. L'aimait-elle vraiment ? On en doutait autour d'elle. On la trouvait froide et distante, peu démonstrative. La petite fille de Buenos Aires se souvenait toujours de sa solitude d'enfant, et d'avoir vu trop tôt la misère et le malheur, et aussi presque télescopés, le scintillement des étoiles et la profondeur lumineuse des nuits argentines. Mais c'était ce contraste qui semblait plaire à Picasso.

La trop attendue Marie-Thérèse finissait par l'exaspérer, même si, depuis près de dix ans, paradoxalement, il y trouvait un certain réconfort.

Avec Dora, ce fut d'emblée tout autre chose : elle le plaçait dans l'inconfort justement, dans le risque permanent. Il aimait cette situation et la trouvait même excitante.

Au début de leur liaison, il avait voulu la mater, jouer vite et serré, car il avait aussitôt compris que Dora n'était pas femme à s'en laisser conter, à se laisser dominer aisément. Il avait aussi perçu les failles, les trous béants qu'elle laissait apparaître. Son silence n'était-il pas la trace tangible, visible de son désarroi, de ses tourments intérieurs, de sa solitude originelle ?

La mater donc, la faire prisonnière, de lui, de la peinture. Ne pas lui laisser de place en tant qu'artiste. Elle devait être à sa dévotion. À son entière disponibilité. Au début, il joua comme le font les toreros. Il observa. Tourna autour d'elle comme ils ont coutume de pratiquer avec les bêtes. Il l'avait humée, épiée, il avait rôdé autour de son corps, feint de ne pas s'y intéresser, toute une tactique de Don Juan qu'il avait maintes fois éprouvée, et dont il usait avec art et virtuosité. Elle s'était laissé prendre au jeu, ravie d'être admirée quand Bataille, il y a peu encore, l'ignorait. Bataille, elle l'avait toujours dit, n'aimait pas les femmes. Non pas qu'il aimât au contraire les hommes, car il tenait souvent des propos très homophobes, mais il détestait les femmes, tout en aimant en jouir. Il ne l'avait jamais réellement respectée, des flux sauvages le traversaient, il était violent, sadique. Picasso était tout le contraire. C'était un homme à femmes. Il les aimait, brutalement, rapidement, violemment. Il aimait ça. Profondément misogyne, il savait pourtant souvent « se tenir » comme on disait dans les salons bourgeois. Il affectait une élégance et une galanterie presque d'un autre temps, et elle, Dora, trouvait cela délicieusement agréable. C'était son côté romanesque, « presque midinette », disaient ironiquement les mauvaises langues.

Ils n'auraient su mieux dire d'ailleurs, car elle avait ce côté sentimental, ce besoin d'être aimée, pour elle-même, ce désir d'avoir de l'importance aux yeux d'un autre, comme si elle n'avait pas d'estime d'elle-même, comme si elle se méprisait. Elle avait fortifié en elle une volonté d'acier, une dureté même qui contrebalançait sa fragilité extrême. C'est ce qu'avait perçu Picasso : une force virile doublée d'une féminité émotive extrême, et cette dualité l'excitait. Il s'en était ouvert à Man Ray sans hésiter :

— Cette fille, je la veux, elle est tout ce que j'aime. Elle me défiera mais je la soumettrai. C'est ça, le jeu que j'aime…

Ils avaient ri un peu ensemble, complices comme des adolescents faisant les fiers à bras, retrouvant une misogynie de vestiaire, qui leur rendait leur jeunesse.

À ceux qui savaient lire une photographie, Dora s'était prêtée à un autoportrait qui avait valeur de confession. C'était au début des années trente, avant sa rencontre avec Picasso. *L'Autoportrait au ventilateur*, dans son cadrage quasiment cubiste, la laissait apercevoir de face, se reflétant dans un miroir, avec au premier plan un ventilateur prêt à la découper de ses pales menaçantes. L'épreuve gélatino-argentique en disait long sur la manière dont elle-même s'envisageait. Masochisme, toujours…

Mais Picasso, si intuitif, savait tout cela, sans l'avoir vu, sans preuves.

Le jeu s'annonçait cruel et passionnant.

Picasso avait aussi une idée précise en tête, qu'il tenait à faire aboutir. L'art de Dora le fascinait. Elle lui avait demandé après la rencontre solennelle aux *Deux Magots*, de venir poser pour lui à l'atelier de la rue d'Astorg où elle habitait alors. Il s'était empressé de venir mais plus encore que de poser, il l'avait suppliée de lui apprendre le métier de photographe :

— Enseignez-moi votre art, vos techniques, votre manière de photographier. Toute l'alchimie dont vous êtes capable.

Dora soudain s'était sentie importante, investie d'une mission qui la flattait, lui donnait l'autorité dont elle manquait après le fiasco avec Bataille. Elle porterait ainsi la photographie au rang de l'art et de la peinture de Picasso, puisqu'il avait émis le désir de découvrir sa discipline. Elle jouait donc à jeu égal avec le Maître. La Cour regardait d'un œil amusé l'évolution de la situation. On disait qu'elle prenait ses désirs pour des réalités. Mais un jour viendrait, déjà prévu par Picasso, où elle serait broyée. Comme les autres. Qui pourrait prétendre en effet pouvoir se comparer à l'œuvre déjà magistrale de Picasso ? À sa nature de Roi Soleil ?

Cet hiver-là de 1935-1936, sur les négatifs qu'elle réalisa de lui, était apparue une série de spectres de Picasso, étranges et inquiétants. Picasso vêtu comme un mafieux, pantalon blanc et chemise noire, cravate rayée, sa mèche de cheveux bien rabattue et lissée sur la tempe gauche, cigarette dans la main droite, posant, en taureau massif, sûr de lui, de sa force, de son autorité. Buste bandé et visage muet, sans état d'âme apparent. Narcisse patient et sûr de lui. Un de ces clichés le surprit, le visage de biais, le regard suivant l'objectif, presque menaçant dans son mutisme. Mais Dora ne voyait rien, toute à sa passion dévorante à laquelle elle ne s'était pas encore livrée : photographier Picasso, c'était déjà lui prendre un peu de sa sève, de son âme, c'était capturer le Taureau à son insu.

Il l'avait désirée violemment, malgré leur différence d'âge, vingt-six ans. Il avait cinquante-quatre ans alors et elle vingt-huit. Mais l'énergie mise dans son art trahissait l'agressivité de sa puissance sexuelle, alimentée par son narcissisme qui emportait tout. Elle lui apprit donc les rudiments de son art et bien plus encore, ses trucs, et surtout l'implication du regard, ce qui faisait que la photographie n'était plus la restitution grossière de la réalité mais autre chose qu'elle parvenait à lever, à révéler.

— Tout comme la peinture ! disait-il, mi-narquois, mi-sérieux.

Il avait tout de suite compris ce qu'il pouvait faire de tout cet enseignement qu'elle lui prodiguait, dans son désir de lui plaire, s'estimant à même hauteur que lui, dans la même sphère créatrice. À eux deux, ils formeraient le couple le plus imaginatif, le plus célèbre de l'histoire de l'art. C'est ce qu'elle pensait dans son for intérieur. Elle n'avait soufflé mot de ses intentions à personne. C'était comme une sorte de complot qu'elle avait fomenté et qui devait se réaliser selon son plan.

Picasso, de son côté, n'en disait pas davantage. Chacun avait tendu son piège, préparé son plan. Restait la relation amoureuse. Érotique surtout pour Picasso. Subie, pour Dora ? Elle ne le savait pas encore.

Picasso cherchait toujours dans son apprentissage photographique auprès d'elle à intégrer la peinture, le dessin dans la photo même. Elle lui avait appris, docilement, comment faire. Elle s'était mise à graver sur ses négatifs, des formes abstraites et lyriques qui sertissaient ses portraits, comme celui qu'elle avait fait de Picasso, l'entourant d'une espèce de fraise, lui donnant un air de vieil infant. Il s'était emparé de cette nouvelle technique très rapidement. Entre eux très vite cette complicité, ces apprentissages. Mais Picasso n'avait pas encore entamé l'hallali. Il n'avait pas décoché ses flèches : en apparence, la peinture, la photographie, l'art en général prenaient toujours la part belle. Plus que l'amour, plus que le désir d'être ensemble. Chacun avait son lieu, et y tenait. Lui, au 23, de la rue de la Boétie, et elle, pas très loin, au 29, rue d'Astorg où elle avait installé son propre studio.

Et puis, Picasso avait eu beaucoup de démêlés conjugaux, sentimentaux à régler et à dénouer durant cet hiver-là. Le départ d'Olga, la naissance de Maya, sa fille chérie qu'il venait d'avoir avec Marie-Thérèse. Tout s'était brouillé dans sa tête. Olga, Marie-Thérèse, et maintenant Dora, cette imprévisible amante, future muse, reine de son cœur, qu'il allait sacrifier, de cela il en était certain…

La plupart du temps, c'était lui qui l'appelait au téléphone pour qu'elle le rejoigne. Elle avait accepté cc rituel sans trop de gêne ni de regret. Elle aimait sa solitude aussi, se retrouver chez elle, au milieu de ses tableaux, de ses livres, dans le capharnaüm de son studio, tout comme lui dans le sien, mais plus organisé, moins foutraque. Leurs communes origines espagnoles favorisaient leurs relations. Ils se retrouvaient en parlant espagnol, et cela rendait Picasso de bonne humeur.

6

En mars 1936, ils s'étaient retrouvés à Boisgeloup, la résidence officielle d'Olga. Elle s'en souvient encore, comme d'hier. Picasso, cet après-midi-là, prit un appareil photographique et demanda à Dora de poser pour lui. Elle accepta.

— Vous voilà mon modèle ! lui dit-il. Ne bougez pas, restez ainsi sur le sofa, vos mains croisées devant vos genoux. Oui, comme ça.

Elle obéissait déjà, le visage grave mais pas fermé. Elle faisait tout ce qu'il lui disait.

— Ne souriez pas, restez vous-même.

Qui, dans la Cour, aurait pu dire que posait là la fière Amazone, Dora Maar, celle qui aimait porter des chapeaux excentriques, non pas parce qu'elle aimait se distinguer, mais parce que cela lui rappelait les bibis de sa mère, dans la petite boutique de Buenos Aires où elle travaillait et où, petite fille, elle aimait à se réfugier quand elle avait cette peine inconnue qui la talonnait et l'étreignait ? Était-ce bien Dora, celle qui laquait ses ongles de rouge sang, et même de toutes les couleurs parfois ? Dans ses yeux une détresse inouïe, qui dut sûrement émouvoir Picasso, quelque chose de si faible qu'il fallait vite capturer l'instant de cette fragilité, la peine immémoriale qui s'y était glissée et qu'elle lui donnait en retour comme un don.

Elle ne parlait pas, tout à son rôle de modèle, nouveau pour elle. Pour une fois, ce n'était plus elle qui était derrière l'objectif, mais celui qu'elle avait convoité, un jour de complot fantaisiste entre amies, avec Jacqueline, et dont le cours était en train de la dépasser, incontrôlable. Fatal. Elle le savait. La peur se lisait sur le visage. Rien de sensuel pourtant dans sa tenue. Ce n'était donc pas seulement cela, son corps pulpeux, rond et puissamment féminin. Elle portait un corsage, col fermé retenu par une jolie broche en forme d'étoile, un gilet par-dessus, assez informe, les cheveux rejetés en arrière, bravement, sans coquetterie, cela seul que convoitait soudain Picasso, ce visage naturel, sans fards, livré à lui uniquement. Elle ne parlait pas mais elle prononçait quand même des mots à mi-voix intérieure, c'étaient les yeux qui parlaient, et qui disaient l'abandon de soi, la solitude atroce, originelle, qui ne partirait jamais, elle le savait bien, et tout le don qu'elle lui en faisait. Et Picasso avait saisi au vol cet appel.

« Cette femme, oui, elle sera la mienne », s'était-il dit.

Quand il l'avait vue arriver à Boisgeloup, il s'était fait la réflexion qu'elle seule de ceux qui étaient descendus de voiture avec elle, elle seule dégageait un rayonnement exceptionnel, quelque chose d'étranger, qu'il n'avait pas repéré depuis longtemps, et dont il avait gardé le souvenir dans les Vierges espagnoles de Málaga, celles qu'il avait croisées dans les églises et dans les visages de certaines mères qui semblaient porter en elles tout le malheur du monde. Elle semblait venir de leur monde, se disait-il. Plus personne soudain ne l'avait intéressé. Il n'y avait qu'elle, Dora, qui embrasait la grande salle du château. Que Dora qui envahissait l'espace. Sans arrogance, sans la hauteur affichée aux *Deux Magots*, c'était comme si elle était venue s'offrir en sacrifice à l'ogre de Boisgeloup. Mais rien ne se passa encore qui pût effrayer la Cour, remettre en question l'équilibre précaire des codes qui la régissaient.

Il y eut tout un travail invisible, préparatoire, qui faisait de leur histoire, avant même qu'elle n'existât réellement, une légende. Picasso s'en amusait un peu comme si l'attente l'excitait. Elle aussi voyait le plan fantaisiste qu'elle avait conçu se réaliser à pas silencieux, s'édifier à bas bruit.

Elle aimait ce cheminement invisible, ce dialogue illisible qu'ils établissaient, sans qu'encore la rencontre ne se réalisât vraiment.

L'atmosphère ambiante était électrique : les évolutions de la situation en Allemagne, les armes que fourbissaient de plus en plus ouvertement les deux camps espagnols qui s'affrontaient déjà, préludaient à un embrasement général. L'heure était à la passion, aux lueurs de braise et de flammes.

Ce fut justement en juillet que l'Espagne sombra dans la guerre civile. Picasso commença à observer la situation, sans trop savoir comment elle dégénérerait. Mais il préférait se jeter à corps perdu dans la peinture, dans la photographie, et aussi dans le confort conjugal et domestique auquel la naissance de Maya l'obligeait. Il partit donc, après un séjour avec Marie-Thérèse et l'enfant nouveau-né, à Juan-les-Pins. Dora suivait de loin son itinéraire, se renseignait sur ce que Picasso faisait. Rien ne lui échappait vraiment.

La déclaration de la guerre civile en juillet laissa Picasso dans un désarroi qu'il n'arrivait pas à dissiper. Était-il spontanément du côté des Républicains, comme Dora l'était sans hésitation ? Il y avait toujours chez lui une certaine ambiguïté qui lui laissait un doute. Non pas qu'on le crût du côté de l'armée, mais la peinture emportait toujours tout. Il craignait surtout l'extension de la guerre à toute l'Europe, et alors, que se passerait-il ? Déjà, il pensait secrètement à protéger ses toiles, pour que dans la tourmente, elles ne soient pas détruites.

Dora, qui était une femme de secret et de complot larvé, savait-elle que certains de ses amis fomentaient à leur tour l'idée de la rapprocher de Picasso ? Il y avait Man Ray, qui avait découvert depuis quelque temps déjà l'irrésistible attraction de Picasso pour Dora au vu des photos qu'il avait prises d'elle, Lise Deharme, l'exquise et rusée poétesse richissime qui aimait Dora parce qu'elle croyait à tort la manipuler aisément, Nush et Éluard, Lee Miller et Roland Penrose et Picasso enfin, venu comme d'habitude, dans sa grosse voiture noire qui ressemblait à un catafalque baroque, une Hispano-Suiza que Marcel, son chauffeur attitré, conduisait. Tous se retrouvèrent chez Lise Deharme, à Saint-Tropez, où logeait déjà Dora. Cette fois-ci, la rencontre était inévitable.

C'était cette notion même d'inévitable qui plaisait à Dora. Trop de liens s'étaient déjà tissés entre eux, ignorés même de Picasso, mais qui, inconsciemment filaient dans leurs existences et se rejoignaient à leur insu.

Un petit indice, si elle en avait été informée, aurait pu alerter Dora. Le même mois d'août où toute la Cour se retrouva sur la Côte d'Azur. Picasso avait déjà inscrit cette rencontre dans un dessin à l'encre de Chine qu'il avait réalisé et daté du 1er août 1936. Il l'avait intitulé *Composition (Dora Maar et figure antique).* On y voyait un homme représenté en dieu antique, un chien sur ses genoux, léchant sa main gauche, sa main droite tenant un long sceptre et accueillant sur le seuil de son trône une femme vêtue d'un fichu et portant, comme une valise, un petit sac dans sa main. Alors que le dieu antique est quasiment nu, couvert d'une toge large, la femme, Dora explicitement citée, porte un manteau bien fermé, comme si elle revenait d'un long voyage.

Picasso accueillait officiellement Dora et lui demandait d'entrer dans son palais. Le dieu en question ne lui ressemblait pas cependant : plus tard, il se représentera de la même manière, mais le visage plus proche du sien. Là, c'était plutôt le père, l'idole absolue de Picasso qu'il avait représenté. Le père tout-puissant, qui se faisait l'hôte consentant et approbateur de l'arrivée de Dora dans la vie de son fils. Ce dessin, célébrant cette venue, sous les auspices bienveillants du père adulé, officialisait d'une certaine manière leur liaison. De sorte que lorsque Picasso vit que Dora participait au dîner à Saint-Tropez chez Lise Deharme, il ne fut guère étonné. De toute manière, la chose était entendue…

Dora de longue date avait bien compris elle aussi que leur histoire se passait de paroles, que tout se jouait dans la nuit de leurs émotions, dans une fatalité à laquelle elle et lui ne pourraient échapper. La définition même de la passion. Quelle différence, pensait-elle, avec sa liaison avec Bataille ! Il s'embourbait dans les mots, dans des histoires sans fin, dans des fantasmes qu'il élucubrait et qui la laissaient de marbre. Plus il inventait des rituels amoureux et plus elle se retirait, comme un escargot dans sa coquille.

Avec Picasso, c'était une autre appréhension du monde qu'elle entrevoyait. Elle avait été l'artisan de cette rencontre, et puis elle avait laissé faire. Comme dans les grandes tragédies antiques, le fil pouvait dès lors se dérouler tout seul. Il la mènerait forcément dans l'antre du Minotaure !

Il trouva facilement un moment creux, celui où, dans les réunions mondaines ou amicales, un espace se fraie pour que le silence s'installe, une sorte de vide, un lieu sans référence où certains se trouvent aimantés l'un à l'autre et qui les éloigne de la communauté où ils se trouvent. Picasso engagea Dora à faire un petit tour sur la plage. Elle accepta l'invitation : cela faisait des mois qu'elle attendait ce moment propice où le nœud serait scellé.

Ils se retrouvaient enfin, ils savaient l'un et l'autre que l'heure était venue, celle où ils ne pourraient plus échapper au jeu de l'amour et de la fatalité. Croyait-il à ce moment-là que Dora n'était que l'ex-maîtresse de Bataille, remplacée par Colette Peignot, la sainte Laure masochiste qu'il réclamait de tout son être et que Dora ne pouvait pas être, trop dominée encore par son ego ? Y avait-il en lui le désir de séduire une femme qui n'avait pas froid aux yeux, et dont les yeux justement avaient vu tant de choses excitantes qu'il imaginait et dont il voulait partager le récit ? Et elle, Dora, voyait-elle en lui l'amant qu'elle soumettrait à son désir, à sa force naturelle, qu'elle pensait supérieure à la sienne, voyait-elle qu'elle s'inscrirait à ses côtés dans l'histoire de l'art à laquelle Picasso était déjà promis ?

L'après-midi sur la plage de Saint-Tropez avait quelque chose d'infiniment agréable. Picasso jouait de tous ses charmes. Elle, gardait sa réserve, ses distances, mais en fin connaisseur, Picasso savait qu'elle lui était déjà acquise. Le soleil dorait la surface de la mer, la faisait étinceler. Il y avait une sorte de sérénité, de douceur de vivre qui éloignait Dora des fureurs lubriques de Bataille, une simplicité presque rustique que Picasso installait et qui lui plaisait. Il lui parlait en espagnol. Elle répondait dans la même langue. Elle se disait qu'il lui faisait la cour, que c'était bon, apaisé, serti dans un paysage d'où émanait une tendresse de vivre, une paix tranquille qui la réconfortaient. Le soir, tous les amis virent que la messe était dite. Picasso avait réussi à séduire Dora. Elle allait maintenant s'installer dans sa vie. Pour les en persuader, il leur suffit de voir Picasso entraîner Dora dans une chambre de l'hôtel *Vaste Horizon*, à Mougins. Il l'aima comme un homme aime une femme pour la première fois. Ce qui lui plaisait, c'était de savoir qu'elle n'était pas vierge, mais une vraie femme avec une vraie expérience. De surcroît, il s'était imaginé que Dora était une libertine, ce qui convenait bien à ses pratiques habituelles. Avec Man Ray comme avec Éluard, il était courant qu'ils échangent leurs maîtresses pour une nuit, une sieste ; chacun acceptait ce prêt momentané, impromptu, généralement pas réciproque car jamais Picasso n'avait « cédé » Marie-Thérèse à l'un ou l'autre de ses amis, comme il lui serait inconcevable de le faire avec Dora. Mais la Cour acceptait le jeu : refuse-t-on quoi que ce soit à Picasso ?

Dora et Picasso finirent l'été à Mougins, mais ce n'était ni la béatitude ni l'adoration. Les quelques photos que prenaient alors les amis montraient toujours la mine grave et sombre de Dora, une espèce d'ennui profond qui recouvrait souvent son visage. Picasso en était néanmoins ravi. Après les exubérances de Marie-Thérèse et sa spontanéité naïve, il avait envie de forcer le masque de sa nouvelle maîtresse, si secrète, si inconnue. Or l'inconnu justement était sa quête profonde, première.

— Vous êtes ma providence, lui dit-il. Avant vous, je ne peignais presque plus. Il me fallait quelqu'un pour déclencher à nouveau cette force que j'ai toujours eue, pour rejoindre la peinture. Avec vous, je sens que la peinture reviendra.

Dora recevait ces éloges sans flagornerie. Elle les acceptait cependant avec bonheur, forte de son pouvoir, sûre de son autorité sur lui.

7

De fait, un jour, impérieusement, il s'était remis au travail. C'était encore l'été à Mougins. Septembre 1936. Picasso fut saisi d'une fièvre violente qui s'abattit sur Dora. Entre eux, guère de discours amoureux, mais la fureur de leur passion. Dans ces échanges, Dora se défendait de parler, elle se soumettait à la force du Taureau. Picasso avait l'impression qu'elle lui donnait des forces secrètes, des énergies souterraines tirées du plus loin d'elle-même. Elle restait le plus souvent muette. Et son silence désorientait Picasso, le déstabilisait d'une certaine manière.

Qui était-elle vraiment ? Dora restait toujours dans cette incertitude d'identité. C'était un principe décidé depuis longtemps déjà, bien avant Picasso. Ne jamais montrer qui l'on était, ne jamais révéler ses émotions. Créer un mystère autour de soi. C'était une stratégie bien élaborée mais que sa nature profonde et les blessures de l'enfance avaient renforcée. Elle en avait fait une force et elle savait, en même temps, que c'était sa faiblesse. Picasso avait repéré cette faille en elle, prêt à en profiter mais aussi à la combler à sa façon, entre tendresse et indifférence.

À Mougins, Dora croyait encore à la « lune de miel », à la douceur d'aube des premiers temps de l'amour. Elle y croyait sans y croire vraiment, assurée qu'elle allait toujours vers sa propre nuit, vers son soleil noir, tôt reconnu. Mais c'était encore l'euphorie exaltante de la découverte de l'autre, et quel autre !

L'énergie de Picasso la fascinait, sa créativité surtout, ses emballements, sa virtuosité implacable, sa rigueur et la précision de son trait quand il dessinait. Il savait toujours où il allait, comme mû par une sorte de force intérieure qui le guidait.

Dora l'inspirait, il aimait sa puissance physique, ses rondeurs de vraie femme, sa maturité à peine éclose, et sa disponibilité, physique et intellectuelle. Sur un grand papier de taille moyenne, quarante centimètres sur soixante-douze, il réalisa très rapidement un dessin aux crayons de couleur qui, à lui seul, disait leur relation. Sauvage, brutale, mais douloureusement vécue pour Dora. Pas besoin de poser comme elle le faisait d'ordinaire pour lui. On y voyait le visage surtout, jusqu'au buste. Dans son atelier, Picasso s'était jeté à corps perdu dans la réalisation de son dessin. Une lumière incandescente, un bois sur la gauche, dont le centre ressemble à une vulve découverte, et dans un buisson, Dora prise par le Minotaure. La bête est jetée sur elle, la gueule avide, son corps d'homme tendu, sexe brandi. Toute l'imagerie du viol que seuls les regards des protagonistes transcendent.

Picasso s'acharnait sur le carton, le visage et le corps de Dora particulièrement travaillés, doux et de porcelaine comme une miniature du XVIIIe siècle, le regard alangui mais ailleurs, subissant le poids de la bête. Mais aussi le regard du Minotaure, pas lubrique comme son groin écumant, presque effrayé de ce qu'il est en train de commettre. Tout autour, des lueurs de braise et de cendres. Quand il revint vers Dora, il lui montra le dessin fraîchement achevé.

Elle ne fit aucun commentaire, toisa même le dessin. Le trouva, dit-elle, « particulièrement beau, d'un réalisme fantastique très troublant ».

— Vous me rendez cette force, Dora, et ma faiblesse.

Elle sourit, d'une manière énigmatique. Elle pensa un instant que Picasso venait de se livrer pieds et poings liés. Elle lui laisserait exercer sa puissance, elle garderait toujours son air impassible de madone de la semaine sainte, teint pâle et cheveux de jais, mais elle ne doutait pas de sa fragilité. Elle appelait ça « l'écharde du Minotaure ».

Les jours passèrent, la vie quotidienne était pour lui très réglée, il n'y avait guère de dérogation aux rites qu'il avait instaurés depuis longtemps. Dora découvrait sa nouvelle existence avec amusement, avec un peu d'inquiétude cependant quand, livrée au silence studieux de son atelier, elle pensait à lui.

Il la dessinait avec amour et tendresse quelquefois, elle aimait bien ces moments d'intimité où il baissait la garde, où il laissait tomber le masque.

Quand elle le rejoignait pour déjeuner surtout, puis l'après-midi, il occupait toujours l'espace, ne parlait que de son travail. Il ne lui posait guère de questions sur le sien qui, pourtant, se poursuivait, patiemment. Justement, elle était entrée dans cette période surréaliste qui lui plaisait tant et convenait bien à ce qu'elle vivait. Elle le lui disait souvent :

— Ne pensez-vous pas, Pablo, que cette vie que nous menons est complètement folle, hors du réel, surréelle en un mot ?

Lui aussi acquiesçait. Il ne savait plus nettement où il en était. Dora, à coup sûr, n'était pas une maîtresse comme les autres. D'abord elle créait, c'était une véritable artiste, se disait-il, comment ne pas considérer ce fait absolu, majeur ? Comment pouvait-il la traiter comme toutes les autres ?

Parfois, le soir, quand il était seul et que Dora ne l'avait pas rejoint, il pensait à elle, à l'épisode des *Deux Magots*, à cette cérémonie sacrificatrice où elle l'avait tant impressionné. Quel autre modèle aurait pu avoir cette audace ? Sinon une aventurière, une Amazone, ce qu'il croyait confusément qu'elle était : imprenable, insaisissable, ancrée dans la terre mais aussi « fiancée du vent » ? Avait-elle vu le fameux tableau de Kokoschka où le jeune peintre s'était représenté dans les bras d'Alma Mahler, sur une couche traversée de vents violents ?

Cette dualité l'inquiétait un peu mais le désir violent de la posséder, de la réduire, le reprenait. L'idée même de se laisser conduire par l'amour le révulsait. C'était lui qui devait mener la barque, diriger le jeu, contrôler les vents. Il était en fait obsédé par l'idée de la posséder, de la pénétrer, de l'asservir et de la ruiner. Ne lui avait-il pas lu à haute voix, un jour, en décembre 1935, juste quelques semaines après leur rencontre fatale, ce poème écrit à la va-vite, tout à trac, perclus de fautes et d'obscurités, mais qui, dans sa lueur générale, laissait entendre la violence de son désir : « Sur la pointe de l'œil qui demande l'aumône de faire l'idiot et le mort si torero s'il n'a pas encore la grâce de passer son déguisement de taureau avec son habit de lumières allumées heurtant piques contre tas de sable faits avec les fricassées de tant de banderilles sorties ruisselantes de l'harmonium du corps représenté par la hâte et laissé étendu au milieu du couteau sur la tache de sang de la nappe qui met le feu au feston que lui font les flammes que la tendresse tenait prisonnières et maintenant ivres de nuits blanches… » ? Le sang, les flammes, les fricassées de banderilles, tout l'arsenal était là, convoqué, pour assouvir son ivresse des nuits blanches, l'ardeur de son désir dont l'habit de lumière ne parviendrait pas à masquer la rage du taureau vivant en lui.

Dora connaissait toute cette rhétorique par cœur, elle en souriait le plus souvent. Elle poursuivait son chemin, obscur et ténébreux. Pour l'instant, disait-elle en confidence à Jacqueline, « je contrôle la situation ». L'ivresse des nuits avec Picasso se poursuivait cependant. Il faisait l'amour comme au premier jour avec elle, dans la chaleur de la Côte. D'abord la prendre, la saisir dans sa naïveté originelle, capturer le moment où elle céderait à son désir, encore sous la tendresse des enlacements et de la possession. La forcer, préalable à toute chose.

Elle observait cependant avec plaisir que Picasso s'attachait à elle, à de petits détails, à quelques attentions qu'il lui portait, quand soudain il était libéré, elle ne savait pourquoi, de son narcissisme, de sa volonté de puissance. Il la dessinait souvent, elle posait avec docilité, trouvait que c'était une autre manière de faire l'amour avec lui. De fait, Picasso disait souvent que peindre était un substitut du désir physique, un remplacement de l'acte sexuel. Elle y croyait parce qu'elle remarquait qu'il savait glisser de la tendresse, de la douceur dans les portraits qu'il faisait d'elle. Des dessins très achevés, très fins, qui mettaient en évidence son art incomparable, son talent immense de peintre. Certains de ses dessins exécutés à la mine de plomb la révélaient dans sa complexité profonde, le visage assez poupin, les cheveux coiffés en arrière, le regard grave, la bouche close, détentrice d'un secret qu'il voulait percer.

« Te dessiner, disait-il pendant le travail de pose, c'est vouloir accéder à ton secret d'âme. »

Ses paroles, rares, crevaient le silence qui s'installait toujours pendant l'exécution du dessin. À ces moments-là, il la tutoyait, comme s'il était parvenu à une intimité totale, à une fusion. Elle n'entendait que le bruit du crayon rayant le papier, le frottement quelquefois du bras contre lui, et, dans ce silence-là, montait en elle une tension extrême, celle de l'avènement du portrait, la révélation de ce qu'il avait perçu de son visage, le mystère qu'il avait dévoilé.

Avec lui, mais elle ne le lui disait pas, par pudeur ou peut-être pour ne pas sacrifier à son égocentrisme, elle avait toujours l'impression qu'il s'agissait d'une traque sacrée, d'une avancée dans le secret des êtres, une forme de vampirisme qui lui faisait peur mais si attirante, si fascinante.

Chaque portrait était ainsi une énigme arrachée aux ténèbres de soi. Un révélateur. L'expérience était identique dans l'art photographique. Elle s'y prêtait aussi dans son studio.

L'émulation réciproque qui s'était installée dès le début de leur liaison leur convenait. Pour l'heure, pensait-elle, leurs liens reposaient sur la création et le respect mutuel de leurs travaux. Jusqu'où ? Jusqu'à quand ?

Les feuilles de papier consacrées à son portrait la ravissaient. Picasso y mettait de l'amour, ce qu'il ne pouvait en réalité réellement exprimer dans la vie courante. Il n'était pas un sentimental, mais un guerrier, un tueur, un narcissique profond. La représentation de la mise à mort dans une corrida l'excitait considérablement. Il concevait l'amour, la relation avec une femme, fût-elle la muse, selon les mêmes rites que la corrida. Il y mettait la même flamboyance, la même noire solitude. En peinture, il avait la même tactique. Détruire ce qui existait avant lui, mais aussi de lui, pour inventer autre chose, créer au sens propre du terme.

Quelquefois, Dora plaisantait sur la façon dont il la voyait dans ses dessins. « Très espagnole », disait-elle, ce qu'elle n'était pas en définitive, bien qu'elle parlât très souvent dans cette langue avec Picasso.

Je ressemble, lui disait-elle, à une femme des milieux populaires de Séville, farouche et sombre. Lui, rétorquait : « Une vraie Méditerranéenne. » Elle ne l'était pas pourtant, se percevant davantage comme une femme de l'Est, sévère et taciturne, peu coquette, portée non pas par l'exubérance des climats méditerranéens, mais par l'âpre haleine des pays slaves. Elle lui disait que c'était son regard qu'il avait le mieux représenté : une mélancolie dans les yeux mais aussi quelque chose d'obstiné et d'irréductible.

La Cour observait d'un œil affûté l'évolution de leur liaison. Elle ne se permettait aucune réflexion devant eux mais ne se gênait pas, à mots couverts, pour en analyser les retombées éventuelles : Dora de toute façon était perçue comme une ennemie potentielle : trop de qualités prétendues l'entouraient, et l'aveuglement tout aussi présumé de Picasso finissait par exaspérer les amis qui voyaient leur influence diminuer devant la souveraineté apparente de Dora. Le petit jeu des courtisans l'amusait grandement, elle en jubilait et aimait à les exciter. Tout autour, on critiquait sa vanité, elle seule savait qu'il s'agissait d'autre chose que d'ambition ou d'orgueil. Mais d'une rencontre particulière, qui n'avait rien à voir avec celle, fusionnelle, de Dalí et de Gala, ou bien celle d'Éluard avec Nush, mais d'une reconnaissance gémellaire.

Picasso aussi voyait leur relation sous cet angle. Celui de jumeaux qui avaient le même but, la même ambition, les mêmes instincts, la même puissance, les mêmes énergies.

« C'est dans ton corps que je me ressource, disait-il, dans ce que tu délivres de toi. Tu m'inondes de ta joie intérieure, de tes sources. » Elle recevait, impassible, ses déclarations enflammées. « Je ferai de toi une reine muette et fatale sur son trône. »

Quand il commença à exécuter des toiles la représentant, dès l'automne 1936, il ne pouvait l'imaginer qu'ainsi : de profil, visage massif, menton buté, lèvres peintes, cheveux rassemblés en un austère chignon, les mains jointes devant elle, dans une palette sombre, presque funèbre, un baroquisme très goyesque qui lui plaisait bien. Elle pouvait tout aussi bien ressembler à une souveraine impérieuse qu'à une femme du peuple, prenant le frais devant sa maison. Elle ne savait au juste qu'en penser, même si, des deux hypothèses, elle retenait l'idée d'incarner un mystère. Une énigme.

Une fois encore, après s'être emparé de la technique des négatifs gravés, qu'il avait acquise de Dora avec une rapidité virtuose, il la photographia encore de face retravaillant son visage, l'ornant d'une fraise d'infante espagnole, le regard altier et insondable. Sur toutes choses, il mettait sa patte, ne laissait rien à l'apparente supériorité de la technique, réinventant ce qu'elle lui avait appris.

— Il ne faut pas laisser à la photographie le pouvoir d'imposer sa technique, lui disait-il. Intervenir. À partir d'elle, devenir soi. S'accomplir.

À eux deux, ils s'inventaient un monde, le refaisaient. Il était là, leur amour, pensait-elle, quand le soir elle rentrait chez elle, quand il la congédiait, parce qu'il avait envie de peindre, de recevoir, d'être avec d'autres amis. Lui faire savoir par là qu'elle n'était pas l'unique. Et qu'il ne serait jamais son amant transi.

8

La guerre civile qui avait débuté à la mi-juillet en Espagne enflait et laissait présager des jours funestes. Si Dora suivait les événements régulièrement, il n'en était pas de même pour Picasso. La guerre civile qui avait explosé, la fragilité du Front républicain nouvellement élu, les assauts constants des éléments nationalistes, la menace d'un fascisme d'État, tout autant que les événements qui se succédaient en France, le laissaient sinon de glace, du moins relativement indifférent. L'engagement politique si à la mode dans cette seconde partie des années trente ne l'intéressait pas. Il avait toujours pensé que sa peinture relevait d'une autre approche, était même d'une autre nature que la politique. Il voulait vivre seulement pour la peinture, atteindre ce qu'elle voulait exprimer, en elle-même, consubstantiellement.

Les péripéties politiques, fussent-elles celles qui concernaient sa propre terre natale, ne l'occupaient guère. La partie selon lui, se jouait ailleurs, dans une autre arène. Nocturne et métaphysique. L'amour, le corps des femmes, la peinture, la matière même de la peinture, ses couleurs, ses pâtes, les brosses avec lesquelles elle se faisait, n'étaient pas concernés par les revendications sociales, les syndicats, les privilèges et les injustices. Il se trouvait en dehors de tout ça. Aussi, rares étaient les conversations d'ordre politique qu'il pouvait avoir avec Dora. À l'inverse, elle se sentait, elle, terriblement engagée dans ce qui se jouait devant ses yeux en Europe. Elle avait déjà milité dans des mouvements anarchistes, grâce à Bataille qui l'avait plus ou moins entraînée dans l'aventure politique. Mais bien avant lui, quelque chose en elle la rendait solidaire de toutes les révoltes. Les artistes, les ouvriers devaient mener même combat. C'était son credo depuis des années déjà. Initiée par Bataille et ses amis, elle avait signé des pétitions, assisté à des réunions militantes, sans jamais toutefois faire le coup de feu : éternelle réserve ou distance qu'elle entendait se ménager, comme si les événements extérieurs pouvaient aussi n'avoir qu'une importance relative. Elle pensait que son art pouvait répondre à la violence du monde et ses photographies témoigner de la misère et du malheur des hommes. C'est pourquoi elle avait fait durant cette année 1936, « année de tous les dangers », pressentait-elle, des séries de reportages qui reflétaient son angoisse intérieure et ses inquiétudes. Plus que jamais, elle portait son art, ses techniques au sommet de leur perfection. Déjà Picasso avait eu l'occasion de voir ses clichés surréalistes réalisés deux ans plus tôt à peine, des photos sans titre mais à vocation onirique et dont il avait vu les épreuves aux sels d'argent. Il aimait surtout la fameuse main de Dora, celle qui l'avait profondément ému sexuellement, une main fine et potelée tout à la fois, avec ses ongles sagement laqués, et cette grâce immobile qu'elle avait quand elle tenait une cigarette au bout de son long fume-cigarette, cette main qu'il voyait tout de suite comme un outil onaniste, une main masturbatrice, qui entourerait son sexe, le manierait doucement, jusqu'à en jouir. Il y avait donc eu cette épreuve réalisée en 1934 de sa main sortant comme un sexe d'une coquille d'escargot, sous un ciel d'orage, ténébreux. La main à la fois sexe masculin et en même temps indéniablement main de femme avait quelque chose de si fascinant qu'il en était toujours troublé à la revoir. Aussi le photomontage qu'elle avait réalisé l'année de leur première rencontre, en 1935, et qu'elle avait appelé *Onirique* : cette fois-ci, Dora avait eu l'idée de surcharger l'espace d'éléments hétérogènes, qui donnaient à l'ensemble une impression cubiste, où architecture, personnages, se fréquentaient de manière mystérieuse pour donner au final une impression de malaise généralisé. Qui est ce personnage qui porte un corps renversé dont on ne voit que le torse et la gorge béante, qui est cette allégorie au fond des arcades, menaçante dans sa rigidité moralisante ? Où mène l'escalier dont on ne voit que trois marches ?

Le cliché dérangeait tous ceux qui le voyaient. Picasso le premier. Mais lui, à la différence des autres qui n'en faisaient qu'une analyse esthétique, en avait vite perçu la force mentale.

Dora savait ce que Picasso pouvait en tirer. La photographie avait donc bien, pensait-il, un pouvoir d'imaginaire suffisant pour renverser le réel, lui dévoiler sa face cachée. Troubler et provoquer une faille dans le visible, emmener le créateur au fond de la nuit.

— Tu es ma veilleuse, ma bougie éclairée, lui disait-il. C'est par toi que je vais encore me perdre.

À la fin de l'année 1936, elle réalisa un photomontage, qu'elle avait intitulé *29, rue d'Astorg*, autant dire l'adresse de son propre atelier. Elle avait choisi une affiche publicitaire représentant l'Orangerie de Versailles dont elle avait fait un fond végétal. Puis elle avait placé au premier plan une figurine dont elle avait arraché la tête. Il ne restait que le manche sur lequel elle avait été enfoncée. La tige qui se terminait par une forme ovoïde destinée à bloquer la tête, donnait à la figurine un air de statue étrusque longiligne, ou d'un personnage extraterrestre. L'ensemble, détaché de sa destination initiale (l'affiche et la figurine), donnait à la scène une désignation sans référence qui laissait planer un malaise de type pornographique. Très vite, Picasso enregistra mentalement cette silhouette qu'il reprendrait dans plusieurs de ses toiles. Dora devenait ainsi un vivier d'images qui allait alimenter son propre imaginaire, nourrir son désir créateur.

Mais la créature que Dora avait imaginée dans son *29, rue d'Astorg* n'avait pas pour elle la même signification que celle que lui donnait Picasso. Elle, par l'angoisse que le cliché réverbérait, y avait mis, inconsciemment ou pas, toute l'inquiétude des temps à venir. L'ère des monstres était à l'œuvre et s'imposait par des représentations fantastiques du réel. L'ombre de la guerre pesait déjà sur la photo. Picasso y voyait-il la même interprétation allégorique ? Dora comprenait bien ce qui l'intéressait surtout : son élaboration, l'artisanat même de la photo, à partir duquel il pourrait à son tour insuffler sa propre histoire, son désir de peinture.

Il recommençait donc à peindre, à trouver un nouveau souffle, elle était sa muse et sa maîtresse mais elle ne donnait pas de conseils, pas d'encouragement ; elle trouvait ça trop domestique, trop conjugal finalement. Elle ne voulait pas entrer dans une histoire bourgeoise, amoureuse et sentimentale. Passionnelle, oui, tout en sachant qu'elle devrait avoir inévitablement une fin, une issue fatale, comme toutes les passions trop violentes.

Mais Picasso n'était pas non plus du genre à s'assouvir dans l'amour physique. Il n'avait pas la sentimentalité d'un Modigliani ou celle d'un Van Gogh, les femmes étaient pour lui des tremplins de lumière, des sursauts de création, des recours contre la mort qu'il détestait plus que tout, au point de devenir superstitieux. En ce sens, il était profondément égoïste, mais plus encore égocentrique, « narcissique » et « pervers », susurraient les faux amis. L'amour, oui, aussi pour ne pas être seul, mais régi par lui d'abord, roi lion de sa tribu, de son clan, Roi soleil de sa cour. Gouverneur du temps.

La muse du jour avait un statut à peine plus élevé que les précédentes. Elle avait accès à sa couche où venaient cependant quelques maîtresses subalternes, vite congédiées, mal aimées. Nush, la fiancée d'Éluard, le rejoignait souvent. Dora s'en était vite aperçue à Mougins. Picasso fermait sa porte à Dora ce soir-là et, dépitée, elle était obligée d'accepter. Nush offrait sans rechigner à Picasso sa beauté fragile, sa grâce douce qu'elle avait déjà photographiée. Il y avait une forme de cruauté de la part de tous de devoir subir ce qu'elle estimait être des offenses. Elle avait mesuré ce jour-là, où pour la première fois elle fut évincée au bénéfice de Nush, tout ce qu'elle devrait supporter pour demeurer auprès de Picasso. « Faut-il que j'y renonce ? » se demandait-elle. « Sans nul doute », affirmait-elle en réponse à sa question, mais elle se sentait déjà trop éprise pour le quitter si tôt. C'est là sûrement qu'elle comprit qu'elle devrait se barder d'indifférence (qui était son travers naturel) et d'égoïsme pour tenir. La proie choisie n'était pas si évidente à garder. Comme elle était un peu magicienne et voyante, elle vit se dérouler devant elle de vastes déserts à perte de vue, des terres balayées par des vents violents, et jamais personne qui les traversait. Elle se dit qu'il faudrait quand même s'y aventurer et que pour cela, elle devait se forcer à tout accepter de lui, sans broncher, muette toujours : la seule parade pour survivre.

Elle se rendait compte combien elle était étrangère aux usages de la Cour et du roi lui-même : ce qu'ils imposaient tous, ce qu'ils exigeaient de tout nouveau venu. « D'abord il fallait coucher avec lui », avait prévenu Marie-Thérèse en propageant indirectement des rumeurs qui parviendraient à coup sûr à toutes celles qui oseraient s'aventurer dans sa périphérie. Dora se sentait plus forte parce qu'elle créait. Jusqu'à présent, elle avait pensé qu'elle lui tenait la dragée haute. C'était compter sans les ruses du Minotaure.

Elle avait été en fait désabusée par l'impuissance toute relative de Bataille. Elle l'avait trouvé au terme de sa liaison mou et flasque, le visage sans ardeur, quelque chose d'ecclésial en lui qui détonnait avec la hardiesse de ce qu'il écrivait. Sa complaisance envers tous les fantasmes les plus odieux et les plus pervers ne rencontrait pas d'écho dans son corps, peut-être même les réveillait-elle pour l'allumer, pour ranimer son corps sourd à tous désirs. Elle avait beau croire qu'elle était d'abord une cérébrale, que tous ses désirs étaient d'ordre mental, jamais suscités par la chair, elle se sentait violente dans son corps, disposée à le faire chanter, elle n'avait pas peur de le montrer dans sa vigueur incarnée, dans sa rondeur. Les rythmes des tangos argentins la parcouraient encore, ils lui revenaient avec violence, la traversaient depuis l'enfance, l'électrisaient. Picasso avait compris toute cette charge émotionnelle contenue, dans ce visage poupin comme il aimait à la représenter dans ses clichés-verre retravaillés, gravés, ou dans les épreuves gélatino-argentiques qu'il réalisa à cette époque. De profil, Dora montrait son menton en galoche, aux maxillaires puissants, et cette grâce de femme maternelle enroulée dans des chandails et des écharpes où il ferait bon se lover. Bref, Dora était une femme, une vraie femme, dont la sensualité passait d'abord par la sensation de protection qui émanait d'elle. Elle était muse et arrogante amazone, mais elle pouvait être mère aussi. C'était cet éventail de visages que Picasso aimait en elle, c'étaient eux qu'il exprimait tout à la fois dans sa peinture.

9

Picasso décidait toujours du moment du départ en vacances. Ce pouvait être dans l'heure qui suivait ou, plus normalement, le lendemain. La Cour alors s'affairait, faisait en catastrophe ses valises, Marcel le chauffeur était appelé pour rassembler des tableaux ou des cartons de dessins, Picasso ne s'occupait de rien, se contentait de donner des ordres. Dora n'était guère habituée à ces agitations imprévues et tâchait de suivre le mouvement. Elle était alors dans l'émerveillement de ce qui lui arrivait. Amoureuse, oui, elle l'était vraiment. Le petit homme d'un mètre soixante-cinq était devenu son héros de légende, son caractère foutraque et narcissique ne la gênait pas encore, elle le trouvait drôle, avenant, et génial quand il peignait. Tout l'inverse de Bataille pour lequel elle avait gardé un souvenir précis et sinistre. Pas drôle, pas sympathique, obsédé sexuel et tellement « mental » qu'il en devenait inquiétant et inhumain. Elle préférait tout compte fait le narcissisme de Picasso : il avait plus d'empathie pour les êtres, s'en sentait plus solidaire.

— Vous m'étonnez, Pablo, lui avait-elle soufflé.

Il aimait quand elle lui parlait de sa voix si douce et si chantante. Elle le ramenait à son enfance, à la gaieté de sa langue natale, à sa brutalité aussi, directe, animale.

Dora pensait encore qu'il avait conservé de son pays une sauvagerie naturelle, un regard « populaire » sur le monde : il y avait chez lui, malgré la cote déjà très élevée de ses tableaux et la hauteur de ses revenus, une familiarité venue directement du peuple, une simplicité d'approche, un humour aussi, mais tout pouvait soudain se muer en une retraite obscure et taciturne, une dureté implacable, une indifférence à tout ce qui l'entourait. Alors il se réfugiait dans son atelier, sans s'expliquer, il quittait la table, et allait peindre, dessiner, inventer.

— Il ne faut pas déranger le Maître, disait Sabartés, toujours aussi zélé et obséquieux.

Dora apprenait sur le terrain les détails de cette vie particulière à laquelle elle n'était pas tout à fait invitée. Convoquée plutôt par Picasso. Mais comment y résister ?

Elle en parlait souvent à Jacqueline, mais en même temps, elle ne disait pas tout, ne s'épanchait pas. C'était d'elle qu'elle parlait plutôt, lui donnant peu d'éléments sur sa vie nouvelle avec Picasso.

— Tu vois, lui disait-elle, j'ai l'impression de ne pas tout comprendre à ce que je vis. Picasso dirige tout, chacun le sait, mais en même temps, il est capable d'une tendresse presque juvénile, adolescente. Sa petite taille y est pour quelque chose. Dans l'amour, il a aussi cette ambivalence : il est de petite taille, semblable à un de ces jeunes Espagnols qu'on croise souvent sur les places de village, vifs et nerveux, et il est aussi un torero, doué d'une virilité presque excessive, trop démonstrative. Et encore au-dessus de lui, une ombre immense qui recouvre tout, qui fait peur, réellement.

Jacqueline n'en disait pas autant de Breton avec lequel elle vivait dorénavant. Lui était plus franchement fragile, moins puissant, moins autoritaire, à l'aura plus pâle. La vie auprès de lui était plus douce quoique fade. Dora disait qu'elle n'aurait pu vivre avec Breton, malgré l'affection qu'elle lui portait. Elle avait besoin d'être dominée mais si elle voyait que son partenaire ne s'y appliquait pas, c'était elle qui le réduirait. Picasso avait deviné le petit jeu pervers de Dora. Elle pensait que ce n'en était pas un, mais un instinct naturel qu'elle ne pouvait museler.

Elle se sentait intuitivement préservée pour le moment de tout abandon auquel pourtant Sabartès la promettait.

Elle n'avait pas eu la faiblesse de dénoncer auprès de Picasso les agissements de son secrétaire jaloux qu'elle savait néanmoins intouchable à ses yeux. Mais, subrepticement, elle avait distillé le poison dans ses mots, ébranlé suffisamment son amant pour qu'il renvoie le fidèle ami, prétextant un témoignage qu'il aurait déposé dans son divorce d'avec Olga et que Picasso avait jugé déplaisant. La voie était libre pour Dora. Restait Marie-Thérèse et… Maya qu'il ne fallait sous aucun prétexte critiquer. Avoir, disait-elle, cette intelligence de n'en rien dire. Malgré les provocations de Marie-Thérèse, arguant de sa légitimité, lui disant qu'elle n'avait rien à faire dans cette maison, qu'elle au moins avait fait un enfant à Picasso.

C'était toucher sans en avoir l'air Dora qui pensait être stérile. Non pas qu'elle eût voulu aussi tôt avoir un enfant de Picasso, mais son désir de maternité avait depuis longtemps pointé et à quelques détails près elle avait soupçonné la réalité…

Picasso, dans ses bons jours, était touché par la détresse secrète de Dora. Il lui en parlait et, à chaque fois, elle triomphait non pas d'orgueil et de vanité, mais de tendresse retrouvée, de celle qu'elle recherchait dans les lumières clignotantes et violentes des rues de Buenos Aires, lorsqu'elle prenait la main de son père et qu'elle la sentait bien chaude dans sa propre main et que cela la réconfortait, lui donnait de l'assurance, celle de conquérir le monde. Pour lui faire plaisir, Picasso l'avait dessinée sur un papier bleu en femme oiseau. C'était la fin du mois de septembre.

Elle en avait été bouleversée. Il lui avait demandé de poser quelques instants à peine.

— Voilà, comme ça, simplement, lui avait-il dit. Regardez-moi, ouvrez bien vos yeux.

Elle obéissait, elle se sentait heureuse, comme si elle retrouvait des forces, soudain. Savait-elle qu'au contraire, Picasso les lui enlevait ? Lui retirait lentement toute sa sève ?

À la fin de la séance, il lui avait montré le dessin à la mine de plomb. Elle se vit en chouette, déesse d'une nouvelle sagesse, antique oiseau de proie, veilleuse de leurs nuits, elle était bien dressée sur ses pattes griffues, elle tendait sa poitrine, cette paire de seins qu'elle avait généreux et dans lesquels Picasso aimait se couler, et ce regard intense reconnaissable entre tous qu'il avait su si bien capter (ou capturer ?).

Elle était donc cette bête nocturne à laquelle les plus lointaines philosophies avaient attribué des pouvoirs immenses, divins. Elle était réincarnée en une chouette chevêche, attribut de la déesse Athéna ou de Minerve. Solitaire et silencieuse, elle symbolisait le savoir, et ses deux grands yeux toujours ouverts et illuminés perçaient seuls l'obscurité et l'inconnu. Ainsi Picasso la voyait-il : celle qui le guiderait dans sa propre nuit.

Elle fut ce jour-là très émue de ce qu'il avait dessiné.

— Je te fais cette promesse, Pablo, de t'emmener dans la nuit, mes yeux éclaireront ta route, la nôtre, tu pourras peindre ce que je te donnerai à voir. Nous ferons de grandes choses ensemble.

Guernica 1937

Elle lui avait soufflé ces mots dans la chaleur d'une étreinte rapide, comme celles qu'aimait Picasso, torride et brutale. C'était comme dans les corridas, les derniers moments de la mise à mort, le passage de l'épée dans le corps de la bête, le froissement de la lame dans la chair vive, et son affaissement en une seconde, l'épée déjà retirée du cou sanglant, dans cet instant, rapide comme une lame d'argent étincelante qui aurait, elle aussi, éclairé les ténèbres, une fraction de seconde, le temps d'aller sur l'autre rive. Inconnue et déserte.

10

— Difficile de travailler dans cet appartement, lui disait souvent Picasso.

Elle l'avait pris au mot, bien décidée à lui trouver un nouveau lieu, plus exaltant, plus neutre surtout, où elle pourrait elle aussi avoir sa place. Pour elle, rejoindre Picasso dans un nouvel atelier, c'était non seulement lui donner la possibilité de peindre autrement, de découvrir de nouvelles sources d'inspiration, mais encore de rajeunir, de récupérer des forces plus dynamiques, plombé qu'il était dans l'appartement où il avait vécu avec Olga, lieu de disputes, de mensonges, de travaux forcés, de conflits et de dilemmes. Espérait-elle vivre complètement auprès de lui ? Picasso le lui avait dit :

— Nous vivrons séparés. J'ai besoin d'être seul très souvent, de me retrouver face à moi-même.

Elle avait bien compris qu'insister c'était prendre le risque de le perdre. Elle n'ignorait rien de ses soirées solitaires. Quelquefois réelles, quelquefois comblées par des filles qui venaient lui rendre visite, au prétexte de leur montrer son atelier. Très vite, elle s'était rangée, docilement, à ses désirs, même si les soirs où elle était seule, rue d'Astorg, elle espérait que le téléphone sonnât et qu'il lui intimât l'ordre de la rejoindre dans la demi-heure. Elle s'exécutait alors et le rejoignait, presque tremblante. Elle prenait soin toutefois, avant de quitter son appartement, de redessiner ses lèvres d'un rouge éclatant, sa seule coquetterie avec le soin qu'elle apportait aussi à ses mains. Parfois, elle ne se reconnaissait plus : était-ce bien elle, cette femme qui courait dans la rue dès que son amant la sifflait ? Il y avait quelque chose de bon cependant dans cette docilité, dans cet aveu de soumission. Elle retrouvait alors sa vraie nature, masochiste, à genoux. Celle avec laquelle elle se retrouvait pleinement. Parfois encore, elle se ressaisissait : comment était-ce possible, elle la chouette chevêche, attribut d'Athéna, comment pouvait-elle s'aliéner de la sorte ? Son dédain des choses du sexe existait bien avant Picasso, cela faisait longtemps qu'elle méprisait la sexualité, la trouvait aliénante dans sa vie d'artiste, l'empêchait même de créer.

L'exemple de Picasso lui renvoyait exactement le contraire. Plus il faisait l'amour, plus il peignait, emporté dans une puissante énergie qui lui donnait la possibilité de réaliser dans une seule journée une ou deux toiles et quelques dessins. Il lui semblait que même l'âge ne résistait pas à sa furie créatrice. Peu à peu naquit en elle l'idée forte, tenace, qu'il était semblable à un dieu. Il se représentait de toute manière comme tel, antique Bacchus ou puissant

Zeus, ceint de sa couronne de laurier, entouré de ses nymphes et de ses animaux sacrés. Un dieu ou un totem, en tout cas un être supérieur, sacré. Elle était fière de vivre à ses côtés, de parler et d'avancer avec lui.

Depuis quelque temps, elle le trouvait inquiet, préoccupé par la situation politique en Espagne. La guerre civile qui avait éclaté au début de l'été se répandait partout dans le pays. Son pays. S'il n'avait jamais été un patriote acharné ou un nationaliste, il éprouvait une fierté certaine d'être espagnol. Il revendiquait sa langue, ses usages, ses mœurs, ses mentalités, son art de vivre. Et cette exubérance dans la vie, dans la création qui était, disait-il, inhérente à sa terre natale. Le fait aussi que tous les siens fussent encore là-bas, enterrés ou vivants, lui donnait une autre responsabilité, affective. L'Espagne qui se déchirait, c'était une blessure qui commençait à se former, et dont il prenait peu à peu conscience.

Cette inquiétude, sourde et nocturne surtout, ne présageait rien de bon. Dora l'observait du coin de l'œil, son air préoccupé, ses silences, ses colères aussi, soudaines, et ses caprices montraient un autre Picasso. Il disait souvent :

— Nous sommes déjà dans la guerre, vous voyez. Nous y sommes. C'est l'arène de minuit, comme dirait Michel.

Leiris était son ami. Lui aussi voyait lentement se lever les torches vives et rougeoyantes de la résistance, et la nuit embrasée où s'accomplissaient les meurtres, les incendies de villages, au fond des forêts, dans les clairières.

Pour toutes ces raisons, elle devait sortir Picasso du piège qu'était devenu l'appartement de la rue La Boétie.

— Et puis, arguait-elle auprès de lui, le 16e arrondissement est trop bourgeois pour un artiste comme vous. Il faut que vous reveniez à des quartiers plus « ouverts », plus créatifs, il faut que vous soyez au cœur de ce qui se fait de nouveau dans Paris.

Il en convenait, bien qu'il y eût, conservé au fond de lui, un fond de vanité très réactif qui lui soufflait que le 16e arrondissement de Paris restait une adresse qui prouvait sa réussite. Et même s'il était exaspéré par les mondanités qu'Olga avait sans cesse entretenues, il y avait un certain prestige à vivre dans les quartiers huppés. Le petit garçon de Málaga n'était jamais loin, exilé et solitaire, bohème et peu soucieux de son confort et qui, néanmoins, voulait prouver au monde entier sa réussite, et même l'afficher.

Dora, plus discrète et plus secrète surtout, cultivant l'art du mystère avec ostentation, rêvait pour lui, pour eux, d'un lieu plus vaste et plus poétique. Plus propice à l'imaginaire, plus intrigant.

Elle se mit donc en quête de le trouver. Elle avait appris par Jean-Louis Barrault qu'un vaste grenier était à louer entre Odéon et Saint-Michel, près de la Seine. Barrault lui-même s'y était établi un temps pour des répétitions. Elle savait aussi que le lieu avait été le siège de rencontres informelles du groupe Contre-Attaque auquel Georges Bataille avait participé très activement. L'immeuble, comme tous ceux de ce quartier typique et ancien, était du XVIIe siècle avec des balcons sertis de gracieuses ferronneries, et se situait précisément au 7 de la rue des Grands-Augustins. Le grenier était suffisamment imposant pour devenir un atelier propice pour travailler sur des toiles de grand format, et l'on accédait aux quelques pièces qui le composaient, toutes dans leur jus d'époque, par des couloirs qui lui donnaient l'air d'un labyrinthe. Elle le visita et aussitôt s'engagea à le louer avant même de le faire visiter à Picasso. De surcroît, l'immeuble avait une histoire particulière. On prétendait que Balzac lui-même y avait situé son conte fantastique *Le Chef-d'œuvre inconnu* qu'il écrivit en 1831. Or ce conte, Picasso l'avait lu et bien lu puisqu'il l'avait illustré en 1931 d'eaux-fortes et de gravures. L'histoire était trop belle pour y résister. Mais Dora, qui savait qu'elle n'y vivrait pas à temps complet, trouvait désormais son appartement de la rue d'Astorg, que son père lui avait acheté, trop éloigné de la nouvelle adresse de Picasso. Elle chercha donc à en dénicher un autre pour elle, plus près de la rue des Grands-Augustins et qui lui permettrait d'être finalement plus disponible aux injonctions de Picasso.

— Du Maître, comme elle disait quelquefois ironiquement. C'est le mot, n'est-ce pas, rajoutait-elle, puisque aux yeux de tous, je suis sa maîtresse !

Les mots cinglaient dans sa voix, et, dans ces cas-là, Picasso qui voyait venir l'orage fuyait et partait se réfugier dans son atelier. Il avait en effet horreur des disputes, des conflits, non pas qu'il en eût peur ou qu'il en souffrît, mais ils le lassaient, l'ennuyaient et le laissaient indifférent. « Tout cela ne me regarde pas », finissait-il par dire pour clore l'incident.

Dora menait donc seule son chemin. Elle essayait de se débrouiller et de se dégager des nœuds coulants que Picasso avait mis discrètement en place pour la capturer. La garder parce qu'il la trouvait intelligente, trop même, trop belle, et surtout parce qu'elle était la « victime » idéale, résistante et docile tout à la fois.

Dora chercha un autre lieu pour elle et le trouva. Elle habiterait désormais rue de Savoie, au n° 6, autant dire très près de la rue des Grands-Augustins.

L'installation rue des Grands-Augustins se fit très rapidement. Picasso reconnut au lieu un charme et une ambiance qui lui plurent immédiatement. La vastitude des lieux, la hauteur des plafonds l'enchantaient, la proximité de ses brasseries préférées à Saint-Germain-des-Prés aussi et des petits restaurants qu'il affectionnait tant. Une nouvelle vie commençait.

L'automne et l'hiver 1936 furent le temps des grandes manœuvres : chacun avait son lieu, sa place, recomposait l'échiquier, refaçonnait la Carte du Tendre. Le Boisgeloup fut laissé définitivement à Olga qui ne s'y rendit jamais, Marie-Thérèse et Maya s'installèrent au Tremblay-sur-Mauldre, dans une maison qu'Ambroise Vollard leur céda, l'appartement de la rue La Boétie fut à son tour délaissé pour l'atelier des Grands-Augustins et Dora s'installa rue de Savoie. Chacun pouvait ainsi s'observer, établir des passerelles ou… des herses.

En janvier 1937, Picasso prit possession du fameux et imposant grenier. Il observait avec attention désormais l'évolution de la guerre en Espagne, sentant monter en lui comme un regain de patriotisme, affectivement blessé de ce qui se passait sur sa terre natale. Naturellement, il avait pris parti pour les Républicains, et suivait leur difficile combat. La grande Exposition internationale qui siégeait à Paris cette année-là donnait à la ville une effervescence particulière. Le pavillon espagnol était en train de s'édifier.

Le gouvernement républicain demanda à Picasso d'orner une de ses salles d'une fresque ou d'une toile murale. Picasso accepta et se mit au travail. Malgré les budgets modestes de la petite République, il se fit payer grassement, sûr de son prestige et de sa notoriété. La guerre cependant faisait rage et un axe inquiétant s'était établi entre l'Allemagne et l'armée espagnole, rebelle.

À son habitude, Picasso travaillait en faisant des esquisses préliminaires, nécessaires pour comprendre l'ensemble de la fresque qu'il avait déjà en tête. Dora le voyait pour la première fois à l'œuvre. Vraiment. Picasso n'aimait guère qu'on le vît travailler, mais Dora avait ce privilège, dont elle profitait avec bonheur. Le voir peindre, c'était une manière de le posséder, d'entrer au cœur de son intimité, davantage encore que lorsqu'elle faisait l'amour avec lui.

Ils sortaient peu, le plus souvent pour aller à des vernissages d'amis et dans des cafés, des brasseries ou de petits restaurants de quartier où ils aimaient bien se retrouver parce qu'ils leur donnaient l'impression d'être vraiment amoureux. Picasso n'était pas insensible au marivaudage, aux galanteries faciles, c'était sa manière aussi d'aimer les femmes, de ne pas seulement céder à la violence du Minotaure. Cette dualité faisait tout son charme et Dora l'avait tôt remarquée. Elle l'émouvait et, en même temps, elle la confortait dans son désir de posséder la situation, de tout contrôler.

Mais Picasso avait son jardin secret où personne ne pouvait pénétrer, pas même Dora. C'était ce rendez-vous quotidien, quasi constant avec la peinture. Il jouissait narcissiquement des facilités qu'elle lui accordait – ce à quoi, disait-il aussi, elle le contraignait : « Je suis comme Midas, le roi qui transformait en or tout ce qu'il touchait, jusqu'au cauchemar. » Au fond de lui, il en était désespéré, parce que cette fortune, qui lui avait été donnée d'assumer l'empêchait peut-être d'avancer dans la nuit de la peinture. Dora jubilait de ses angoisses, visibles, souvent inquiétantes. Il la regardait comme une artiste qui, ne possédant pas sa notoriété, pouvait être plus légère, atteindre plus vite l'Énigme.

Un soir, elle avait compris qu'il pouvait se venger de sa chance, de sa pauvreté en fait. Pour la première fois, elle avait saisi qu'il pouvait être en danger.

Il se tenait régulièrement au courant de la situation en Espagne. Il lisait beaucoup les journaux, même s'il s'en servait quelquefois après comme support pour créer de nouvelles formes, dessiner.

L'hiver 36-37 avait des couleurs de feu. Il brûlait de tous les foyers que le monde avait allumés, et que, eux aussi, les amants singuliers, ne savaient éteindre parce que eux-mêmes étaient animés d'un feu intérieur qui sans cesse les embrasait.

Le grand poêle qui trônait dans la pièce centrale avait des airs de bête monstrueuse, féroce et vorace. Il fallait régulièrement l'alimenter en y jetant des bûches ; il ronflait et dégageait souvent une odeur âcre d'incendie de forêt. La chaleur s'échappait en vrombissant le long du tuyau qui courait, vertical et sinueux, vers le haut plafond pour s'échapper on ne savait où. Mais sa présence rassurait quand même, donnait l'impression d'une vraie maison, loin des villes et de ses intrigues. Les tableaux quotidiens que réalisait Picasso ornaient les murs, à même le sol pavé de tomettes anciennes, vernissées et rougeoyantes, ou bien s'empilaient les uns sur les autres jusqu'à créer des sortes de fresques qui éclataient de leurs couleurs vives les murs lézardés de la pièce. C'était un bric-à-brac très coloré, mais qui, la nuit tombée, dans le clair-obscur, faisait dire à Picasso qu'on aurait pu croire aux verrières chatoyantes d'une chapelle.

Le soir, quand ils se retrouvaient, Dora se pelotonnait dans un fauteuil profond et déglingué, et elle fumait, tenant son fume-cigarette avec cette délicatesse un peu solennelle que Picasso aimait tant parce qu'elle n'avait rien de ces jeunes modèles dénués de cette grâce qu'elle arborait, et aussi de cette solitude qui toujours émanait d'elle, à son insu, et qui le bouleversait.

Il la connaissait bien, cette solitude, parce que lui aussi en était affligé, elle le prenait souvent à la gorge ; alors il se levait précipitamment, et il dessinait, vite, Dora surtout, avec son air qu'on pouvait croire taciturne et grognon, mais qui était une sorte de détresse qui ne pouvait plus se cacher. C'était à ces instants-là qu'ils devenaient de vrais amants, qu'elle, Dora, le rendait à ce désir profond qu'il avait toujours manifesté, incontrôlé, jamais atteint, d'unité, d'harmonie, d'équilibre spirituel.

Le titre du conte de Balzac, qui faisait la légende de l'immeuble, n'avait jamais été aussi juste. Là pouvait s'écrire ou se réaliser un chef-d'œuvre qui viendrait du plus loin du monde, de l'Univers, et qui serait fomenté ici, dans ce lieu de nulle part, inconnu aux yeux de tous les passants qui empruntaient la rue des Grands-Augustins.

— Ce lieu m'oblige, Dora, lui dit-il un jour.

— Tu as cette force, Pablo, lui répondit-elle, tu l'as en toi, elle va te porter plus haut encore, aie confiance.

Il aimait entendre ces mots, parce qu'ils sortaient peu souvent de sa bouche. Dora cultivait le silence, et quand elle parlait, c'était comme un miracle, disait Picasso, les mots s'échappaient telle une source de perles de sa voix cristalline et chantante, si particulière, enchanteresse.

Mais peu à peu, Picasso prenait tout l'espace. Il évoquait rarement le travail qu'elle accomplissait, ses photographies. De surcroît, la presque cohabitation avec lui ne lui permettait plus guère de travailler à son studio. Elle délaissait très clairement son art, s'en inquiétait un peu ; ses rares amis, sincères, auxquels elle pouvait se confier, lui recommandaient de s'y remettre, mais l'aura de Picasso était telle qu'elle l'aveuglait, lui donnait l'impression d'être devenue soudain impuissante, tant sa clarté rayonnante l'irradiait.

Ce qu'elle ne disait pas non plus, c'était son désir secret, impossible à assouvir : elle voulait revenir à ses amours anciennes, à la peinture, à tout ce qu'elle avait appris chez André Lhote durant sa jeunesse. Peindre, oui, se disait-elle, mais comment oser ? Comment s'y atteler sans défier le Minotaure ? Il lui laissait, pensait-elle, la photographie parce qu'elle ne l'encombrait pas, ne lui faisait pas concurrence.

— Il ne faut pas que le Maître soit dépassé par sa muse, disait-il en s'amusant.

Mais riait-il vraiment ? Il n'y avait aucun doute, pensait-elle : « Jamais il ne tolérerait cette intrusion dans son domaine, même s'il estime que ma peinture est infiniment inférieure à la sienne. Car la peinture, personne d'autre ne peut y prétendre que lui, parce qu'il l'incarne, comme un dieu absolu ».

Les jours, les semaines filaient dans cette alternance de complicité et d'exil intérieur, de méfiance et d'abandon. Picasso s'en nourrissait et Dora s'en inquiétait.

Seconde partie

PENDANT *GUERNICA*

1

Picasso semblait embarrassé de la commande des Républicains. Depuis toujours, il prétendait que l'art ne pouvait servir une idée, être porteur d'un message politique, nationaliste, patriotique. Il se méfiait en bon vieil anarchiste des confusions des genres, préférant plutôt se consacrer à l'indicible du monde auquel la peinture pourrait peut-être le faire accéder. Les expériences photographiques et surréalistes de Dora avaient fait le reste. L'influençait-elle vraiment ? Éluard lui-même n'avait-il pas sa part dans cette distance volontaire qu'il avait mise entre la société et son art ? Les clichés surréels de Dora, ses photomontages l'avaient, c'est un fait, impressionné.

Elle commençait elle aussi, tout comme Éluard et certains de la Cour, à mesurer son ascendant sur lui.

— Vous m'avez surpris, réellement, Dora, avec ces clichés inouïs que vous avez réalisés. Le portrait d'Ubu surtout, à partir de ce fœtus de tatou, dont vous avez fait quelque chose d'obscène et de tragique, de douloureux et d'inquiétant, et en même temps, savez-vous, j'ai de la compassion pour lui. Mais, dois-je vous le dire, au-delà du monstre évoqué, Ubu, ou pourquoi pas Franco, auquel il ressemble, que vous le vouliez ou non, avez-vous remarqué ses mains, potelées et grassouillettes, et ses ongles bien faits qui tranchent avec l'air martial et ridicule qu'il arbore ? Et en même temps, je ne peux m'empêcher de penser qu'il s'agit là de quelque chose de l'ordre de l'inconscient, d'un inconscient déployé, déplié, le vôtre peut-être aussi. Je ne sais pas, les mains d'Ubu me font penser aux vôtres, à la manière si gracieuse que vous avez quelquefois de les tenir !

Dora souriait complaisamment.

— Qu'allez-vous chercher là, Pablo ? Rien de plus dans ce cliché que ce qui est venu à moi. Qui s'est imposé à moi. Tout est hasard, organisé, voie d'étoiles qu'on ne commande ni que l'on n'éclaire, et qui vous oblige cependant à la suivre.

Souvent, Picasso était pris d'une tendresse indicible, débordante, pour Dora. Il avait, pensait-elle, des bouffées d'amour, lui si peu empathique et qui, soudain, faisait tomber le masque, l'écorce, laissait voir sa sensibilité extrême, qu'il s'empressait vite de recouvrir ou de transformer en brutalité, amoureuse ou verbale. Il pratiquait aussi fréquemment la loi du silence. Il restait muet devant les plaintes que pouvait exprimer Dora, les supplications parfois, celles d'être entendue, aimée « normalement » ; mais alors qu'elle disait cela, elle savait que c'était ridicule et inutile. Comment envisager une quelconque normalité avec Picasso ? Lui-même était un monstre qui ne cachait pas sa nature : comment aurait-il pu l'aimer vraiment ? Et pourtant, elle se prenait à l'espérer ainsi, quand elle le voyait partir pour Le Tremblay-sur-Mauldre, rejoindre Marie-Thérèse et Maya. Elle l'imaginait, morfondue de jalousie ou de dépit, se penchant sur le petit lit de Maya, la prenant dans ses bras, faisant l'amour à Marie-Thérèse, qu'elle apprenait méthodiquement à haïr, et le rite obligé des gestes de l'amour, les mêmes que sûrement il accomplissait avec elle. Elle finissait par trouver la situation insupportable. Mais par ailleurs, comment quitter Picasso ? Et peut-on même le quitter ? Lèse-majesté, aurait-il proclamé et alors là, quelle punition lui aurait-il infligée ? L'aurait-il chassée juste avant qu'elle-même ne laisse apparaître le moindre désir de partir ? Elle ruminait toutes ces questions, chaque jour, et elle voyait aussi son désir de peindre, de photographier s'amenuiser lentement, comme si sa liaison avec Picasso l'annulait, la réduisait à rien.

Picasso s'en rendait compte mais il ne parvenait pas à s'en réjouir totalement. Il éprouvait une joie mauvaise à l'humilier, et tout autant, il la célébrait, prétendait l'admirer, se félicitait même de l'avoir rencontrée parce qu'elle était, disait-il, « si intelligente, si forte, si émouvante, dans sa simplicité souveraine ».

Il l'obligeait à des séances de photographies qui l'enthousiasmaient bien plus qu'elles ne la ravissaient. Mais c'était encore un acte qui, pensait-elle, la rapprochait de lui : à ces instants-là, il était tout entier avec elle, maniant un appareil qu'elle maîtrisait mieux que lui, curieuse toujours de savoir ce qu'il en tirerait. Elle voyait bien que peu à peu il faisait advenir la photographie au rang de véritable art, et qu'il la comprenait maintenant comme tel. Elle était heureuse de ce don qu'elle avait aidé à développer en lui, de lui avoir apporté cette jouissance de savoir voir.

Mais cela restait toujours une forme d'emprise. Il considérait la photo comme une manière de capturer la sève de Dora, de lui extirper l'étincelle de vie qu'elle maintenait pourtant vaille que vaille. Souvent, il la voyait décliner, il s'empressait alors de lui prendre davantage encore le minuscule éclat de lumière, et c'était comme dans les contes fantastiques, dans ces histoires de vampires où les peintres volent l'âme de leurs modèles, sucent leur sève jusqu'à la mort, jusqu'aux dernières lueurs de leurs prunelles.

Picasso considérait la peinture comme un labeur quasi mystique. Il s'agissait d'aller toujours plus profondément dans l'obscurité du chemin de vie qui se présentait à lui, il ne se posait pas de questions, il allait avec une force de bête, quitte à tourner en rond comme le taureau dans l'arène. Cette frénésie plaisait bien à Dora qui y voyait le génie en action, l'artiste total à l'œuvre. Savoir qu'elle en était la maîtresse et la muse la ravissait, lui donnait la mesure de sa grandeur, de sa souveraine présence.

Quand le gouvernement espagnol demanda à Picasso de réaliser la grande fresque pour son pavillon à l'Exposition internationale de Paris, lui vint aussitôt à l'esprit l'idée de représenter quelque chose qui tournerait autour du peintre et de son modèle. Il commença donc entre janvier et mars 1937 des esquisses qui mettaient peu à peu en place les lignes de force de l'œuvre à venir. Parallèlement, il entreprit la réalisation d'une sorte de bande dessinée réverbérant les affres de la guerre d'Espagne. Dora regardait d'un œil curieux l'hybride projet, à mi-chemin entre l'écriture automatique et des vignettes mettant en scène ce qu'il intitula *Songe et mensonge de Franco.*

Elle voulait en savoir davantage sur ses intentions, mais Picasso, peu disert, n'en parlait guère. L'influence surréaliste était alors à son comble pour lui. Il écrivait des poèmes dans une langue sans syntaxe, déliée et chaotique qu'il associait à des eaux-fortes. Mais rien qui ne soit vraiment politique. Dora insistait sur ce point mais Picasso, quand il daignait lui répondre, répétait que ce n'était pas un travail engagé, quelque chose qui dénoncerait Franco, ses phalanges et ses sbires. Mais bien plutôt une œuvre dont il ne connaissait pas lui-même le sens ou l'origine, mais qui traiterait à son insu d'une satire des forces du mal.

— Vous voyez, disait-il à Dora, c'est une suite de dessins et de poèmes autour d'un motif central : le mensonge, l'illusion de la vérité. C'est important pour nous, Espagnols, cette idée, Calderón en a parlé, la vie est un songe, tout est vérité dans ce monde et tout est le contraire, mensonge et illusion...

Dora aurait voulu que le travail de Picasso fût plus engagé dans la dénonciation de Franco et de ses avancées menaçantes. Mais Picasso, en fait, n'y tenait guère. C'était pour lui plus un travail symbolique qu'une entreprise politique.

Elle en était surprise, parfois, étonnée par exemple qu'il n'ait pas réagi avec l'énergie qu'elle aurait souhaitée à l'assassinat de Federico García Lorca en août 1936. Mais sa passion pour lui, réelle et d'autant plus intense qu'elle était quasi muette, l'amenait à penser que Picasso était hors de son siècle, hors de son temps, peintre génial, traversant les âges, formant une chaîne sublime avec les grands maîtres du passé, Michel-Ange, Vinci, Raphaël, Véronèse, Rubens, Goya...

L'évolution de la situation en Espagne ne pouvait cependant pas le laisser totalement indifférent. Peu à peu s'imposait une prise de conscience plus éclairée, plus frontale de la réalité tragique dans laquelle était plongé son pays. Mais Dora observait que ce n'était pas dans cette œuvre hétérogène qu'il allait exprimer sa colère et son angoisse. Elle le vit à quelque chose de très simple : il data la première planche de *Songe et mensonge de Franco* du 8 janvier 1937 et la seconde restait inachevée. Le peu de suivi de l'œuvre laissait à ses yeux clairement voir qu'il ne plaçait pas là son urgence.

Avec amusement, elle notait toutefois que certaines vignettes mettaient en scène des créatures semblables à celles qu'elle avait imaginées dans son *29, rue d'Astorg*, au visage reptilien, monstrueux, défiant un taureau… Mais c'était dans cette liaison des choses, des images, des sensations, des émotions qu'elle pensait loger leur passion. L'un donnait à l'autre, et *vice versa*, dans une liberté totale.

Quand elle montait les étages pour rejoindre Picasso dans son grenier, une émotion singulière l'étreignait. Pour la conjurer, elle disait que c'était la chambre forte de Barbe Bleue, elle en riait, mais souvent elle finissait par prendre peur.

Tout se prêtait à l'angoisse, le lieu, l'hôtel particulier lui-même qui n'était guère entretenu, l'antre du créateur, la semi-obscurité, le battement des ailes de pigeons qui tapaient quelquefois sur les vitres, la lumière incertaine, l'isolement même du lieu où tout pouvait arriver, la vie, la mort, la peur.

« Tout ça vient aussi de moi, se disait-elle, ce qu'il m'est donné de vivre, singulier, étrange et secret, jamais ordinaire, c'est moi qui le cherche. La cave de Bataille, le grenier de Picasso, c'est toujours la même histoire qui recommence. »

Les jours passaient, vers le printemps. Il faisait un peu froid dans le grenier majestueux. Comment chauffer de telles hauteurs ? Picasso se couvrait beaucoup, il semblait ne pas craindre l'humidité ambiante, mais il prétendait que la peinture le réchauffait, lui insufflait des énergies considérables qui faisaient tout oublier. Elle aussi affectionnait les larges chandails, les écharpes sans forme : elle aimait cette existence bohème, où s'inventait leur vie.

2

La Cour cependant observait, comme aux temps bannis des rois d'Espagne et de leurs infants, le manège savant qui animait les amants. Ce qu'elle percevait inévitablement, c'était d'abord leur absence réelle de dialogues. Leur mutisme réciproque, comme si l'art qui les tenaillait sans cesse ne leur laissait pas de lieu où loger leur amour. Dans l'intimité de leur liaison, Dora ne parvenait pas à parler, à dire seulement quelques mots qui pourraient débloquer leur relation, elle avait la confuse certitude que la tendresse ne pouvait avoir de place dans leur histoire. C'était une absence de dialogue qui triomphait. Mélancoliquement, elle regardait les photos prises il y a peu encore, à Golfe-Juan. Tous deux sortaient de l'eau ; n'étaient visibles que leurs bustes. Comme deux êtres divins, demi-dieux surgissant de la mer, côte à côte, mais infiniment seuls tous les deux. Elle, Dora, avait posé à même hauteur que Picasso : ils apparaissaient alors séparés mais puissants, au milieu de l'étendue de la mer. Surexposées, les photos ne donnaient pas à voir leurs visages, mais leurs silhouettes qui se découpaient nettement, de manière presque surréelle. Sur un autre cliché, pris à la suite, Dora s'était laissée couler dans la mer, tandis que Picasso conservait toujours sa posture verticale, comme un totem inébranlable. De Dora, on n'apercevait plus que la tête. L'engloutissement s'effectuait lentement mais méthodiquement. A posteriori, elle éprouvait cette même impression de perte, cette sensation de couler. Et l'angoisse depuis le retour de Mougins, à l'automne 1936, s'était définitivement installée. Picasso l'avait encouragée à continuer à écrire des poèmes, comme elle en composait bien avant qu'il ne la rencontrât. Lui aussi était happé par ce désir violent d'en écrire, poussé par Éluard, et animé par sa boulimie de tout embrasser, de toucher à tout, et de dominer toutes les formes d'art. Ils se lisaient mutuellement leurs productions, exubérantes d'images pour Picasso, plus profondément graves et abstraites pour Dora. Elle aimait à rôder autour de quelques idées et de quelques vers, depuis longtemps déjà, et même bien avant Bataille, et ses vers pris et repris comme une tapisserie toujours retravaillée ne parlaient que de cette angoisse sourde qui la pinçait au cœur et lui donnait la couleur générale de sa nature, de son caractère.

Un soir, à l'atelier des Grands-Augustins, elle lui lut de nouveau une version d'un même poème dont elle avait déjà écrit de très nombreuses variantes. Picasso l'écoutait presque religieusement, et soudain, dans le silence de l'atelier, Dora éprouvait à ces moments précis où les vers s'échappaient de ses lèvres et qu'ils envahissaient, comme une fumée de cigarettes, dans des volutes subtiles, l'espace entier, une sorte de grâce heureuse, même si ce qu'elle lisait était funeste et inquiétant : ni Marie-Thérèse ni Maya ne venaient troubler l'étrange paix qui venait de s'installer, il n'y avait qu'eux deux, complices dans leurs silences et leurs rares mots murmurés. Tout autour des toiles achevées ou en passe de l'être, posées à même le carrelage du sol, contre les murs, comme les verrières d'une vieille église.

« Que la patience et le silence/me donnent la main/, lisait Dora, Que la jalousie laisse pendre ses superbes griffes/L'absence prépare ses aiguilles/Pour m'atteindre au battement du jour/Elles m'éveillent/Le sang déploie ses ailes/Je parle. » [1]

Picasso n'ignorait pas ces instants de grâce, et s'émerveillait secrètement de l'intelligence de Dora, de son art à offrir tous les climats de son être, la pudeur dont elle revêtait ses vers et la « chanson grise » qu'elle faisait entendre. Lui était plus baroque, plus sauvage dans le sens où il laissait exploser les mots, en rafales, comme des charges de taureau, ou des rages de torero. Il était tout à la fois, Espagnol qui s'accomplissait dans l'arène. Mais au cœur des images, qu'il lançait comme des pierres à ses oreilles, elle croyait déjà entendre la plainte de sa douleur, le présage de sa solitude.

— Mais, se disait-elle, une fois que Dieu se donne, aura-t-il la cruauté de me laisser dans la douleur, quand il voudra se retirer ?

Picasso n'avait aucun scrupule ni aucune délicatesse à lui lire ses propres vers qui, à bas bruit, ne laissaient pas de doute sur l'avenir, sur sa cruauté :

— « Agite folle ses draps en flammes hanches battant des ailes femme de chevet colombe remplie d'eau claire au plumage liquide éclairé par une lampe brûlant l'huile des ruches portant nouée en écharpe à son cou une baignoire remplie d'eau bouillante où nagent des écheveaux d'anguilles… »

Le monde extérieur pouvait alors bien s'exténuer, s'égosiller, menacer et s'entre-tuer, c'étaient des moments insignes que Dora engrangeait dans sa mémoire, comme des souvenirs que personne ne pourrait lui ravir.

Picasso avait acheté un tourne-disque, un petit meuble d'acajou pour lequel il avait une dévotion presque religieuse : il fallait soulever le couvercle pour y déposer un disque, vérifier si l'aiguille était bien en place, manier le bras, le déposer délicatement dans un sillon. Il allait s'installer sur un fauteuil, près de Dora et tous deux écoutaient la musique qui s'en échappait. Des suites de Bach pour luth montaient ainsi du meuble de bois verni, atteignaient les poutres à la française du haut plafond, le chien afghan se pelotonnait, s'enroulait à la manière de ce que Goya avait si bien su rapporter dans ses grandes toiles de courtisan, et Dora s'imaginait qu'une éternité venait de s'installer que rien, nul événement, nul accident, ne viendrait altérer. Les notes s'égrenaient lentement, comme une évidence que la musique traduisait.

Mais c'était compter sans la frénésie de Picasso, sa hâte de poursuivre son œuvre, de ne jamais l'interrompre, de sorte que ces moments de douceur étaient considérés par lui comme des trahisons. Dora revenait à la réalité de leur vie, au milieu de laquelle trônait sans partage la tyrannie de la peinture. Au fond d'elle-même, voulait-elle cependant que Picasso y renonçât ? Elle aurait bien volontiers fait le sacrifice de son art, elle aurait tout abandonné, photographies, toiles peintes, et la quête éperdue de son regard sur les choses, les êtres, le monde. Elle aurait tout livré au grand feu de sa passion. Elle aurait tout donné. Il n'en était pas de même pour Picasso. Jamais il n'aurait pu sacrifier sa peinture, son art, à l'amour aléatoire, aux émotions passagères, aux fluctuations des désirs. « Machisme », disait Dora avec mépris, et en même temps, quelque chose en elle ne pouvait se résoudre à condamner Picasso. Sa masculinité bien ancrée dans sa nature lui disait que cette tyrannie, c'était le moteur de sa créativité. Tout comme le Minotaure avait besoin jadis que la ville d'Athènes lui livrât des jeunes gens chaque jour pour se nourrir, il avait besoin lui aussi de se nourrir de ses amours, de sa peinture, non pas seulement pour vivre mais pour atteindre.

— Atteindre, Dora, vous comprenez cela ? Atteindre ce que vous aussi vous avez déjà entrevu.

Elle savait qu'il avait raison.

Elle ne voulait pas polémiquer, discuter avec lui, non pas par peur de lui déplaire, mais parce qu'elle trouvait que c'était vain, puisque la peinture, elle en était certaine, était la plus forte. Sa vraie rivale n'était pas Marie-Thérèse, mais bien elle, la peinture. Ce désir fulgurant, implacable, qui l'obligeait parfois à se lever en pleine nuit et se remettre à sa toile, tremper ses pinceaux dans la couleur, s'enivrer sans précaution aucune des odeurs de térébenthine, des liants, des essences de toutes sortes.

— Où allez-vous encore Pablo ? disait-elle, de cette voix douce et lasse qui était sa marque.

— J'y vais, Dora, j'ignore où, mais, toujours, dans la nuit.

Elle en parlait quelquefois à son amie Lise Deharme, peu, depuis quelque temps à Jacqueline Lamba, comme si elle n'avait plus tout à fait confiance en elle.

La finesse d'écoute de Lise, aiguisée par sa méchanceté naturelle, l'incitait aux confidences, qu'elle laissait échapper avec parcimonie.

— Voyez-vous, Lise, lui disait-elle, quand celle-ci était impatiente d'en savoir davantage et plus que la Cour elle-même, Picasso me comble au-delà de tout. Au-delà de mon angoisse, au-delà de ma douleur.

— Ma petite, lui répondait Lise, faussement sincère, vous ne pourrez tenir si vous favorisez le huis clos. Appâtez-le, prenez le risque de le perdre, feignez de le quitter.

Mais Dora ne croyait pas à ces stratagèmes qu'elle qualifiait avec mépris « de femmes ». À ce moment-là, elle se félicitait de l'apprentissage que Bataille lui avait offert, même si elle avait voulu s'en échapper. Il avait conforté son masochisme, affermi son endurance à supporter la douleur, assouvi son désir de s'humilier.

Pendant cet hiver 1937, elle avait poursuivi une série de photomontages, inaugurée trois ans plus tôt, où n'apparaissaient que des yeux flottant dans des ciels vagues et nuageux ou des sols cloutés de cratères, yeux hagards cherchant désespérément l'objet de leur quête, ignorée et incertaine. Des yeux voguant dans des espaces inconscients qui n'auraient plus de force ni de nerfs suffisants pour se fixer sur un objet, abandonnés à leur propre errance, et dont la solitude reflétait l'angoisse qui la saisissait régulièrement. Picasso, lui, revenait toujours à sa commande.

Le Peintre et son modèle piétinait cependant, comme s'il attendait un événement singulier, particulier, et dont la brutalité soudaine et l'injonction de s'y plier rebattraient toutes les cartes, relégueraient le projet initial dans ses cartons, l'ouvriraient à une vérité plus crue et plus inaugurale.

Dora, en bonne chouette de Minerve, s'attendait à un coup de théâtre, à une révélation. Mais elle n'en parlait pas à Picasso, parce qu'elle le savait trop superstitieux pour le supporter. Est-ce que, pour une seconde fois, le grenier aux proportions fantastiques accueillerait un nouveau « chef-d'œuvre inconnu » ?

3

L'Histoire cependant poursuivait sa course folle. En Espagne, les nouvelles devenaient de plus en plus alarmantes. Picasso commençait à s'en inquiéter précisément, obtenait des nouvelles de ses amis, quand il allait prendre un verre avec eux aux *Deux Magots* ou au *Flore.* Et elles n'étaient pas bonnes. La pression des ligues fascistes acculait le jeune gouvernement républicain pour lequel Picasso avait de la tendresse. Dora aussi, comme toute l'Europe artistique et intellectuelle, suivait les événements avec appréhension. Plus que tous, Picasso semblait voir dans cette guerre qui affectait son pays l'ombre d'une guerre plus vaste, la fin d'un monde.

Il commençait aussi à réfléchir sérieusement à sa commande, les semaines passaient sans qu'il n'ait réussi à préciser le projet. Mais il ne s'en inquiétait pas pour autant. Il savait que la gestation était toujours plus longue que la réalisation. Une fois le projet bien mûri, il se mettrait alors à la tâche, comme une bête, et il finirait dans les temps. Dora lui faisait remarquer toutefois qu'on était déjà presque à la fin du mois d'avril et que le gouvernement espagnol ne manquerait pas de venir chercher la commande très prochainement. Il n'aimait pas ce genre de travail avec des dates et des échéances trop précises et il s'était presque, à un moment, demandé s'il ne devait pas y renoncer. Et puis la dimension forcément politique que le pavillon espagnol allait revêtir, sa place même dans le plan de l'Exposition à deux pas des pavillons allemand et soviétique, allait forcément mettre son travail dans un éclairage partisan qu'il ne souhaitait pas.

La veille du 26 avril 1937, ils allèrent dîner à Montparnasse. La soirée était gaie, mais de cette gaieté que Dora n'aimait guère finalement. Picasso, avec les autres convives, se laissait aller à son naturel potache, plaisantait presque grossièrement, riait. Dora préférait l'avoir pour elle toute seule. Elle ruminait son désappointement à côté de lui, assise sur la banquette, sans vouloir cependant le montrer. Avec habileté, elle jouait toujours de son fume-cigarette, se donnant des airs de vamp mélancolique ou exaspérée, qui agaçait tout autant la Cour. Quelquefois, elle émettait un jugement, un de ses fameux gazouillis qui lui donnaient soudain un air délicieusement exotique ou étranger et qui étonnait ses amis. En elle-même, elle pensait « amis » en souriant secrètement, car elle se flattait de ne pas vraiment en avoir. Se méfiant de tous. « Seule mais libre », disait-elle.

Avec Picasso, elle mesurait toute l'ambiguïté de leur relation. Il était le peintre roi, absolument indépendant, libre autant qu'elle, mais plus encore, refusant d'aliéner sa liberté pour une histoire d'amour, fût-elle importante pour lui, comme elle espérait que ce fût aussi le cas en ce qui la concernait. Picasso avait besoin de coudées franches, une femme était un poids malgré tout ce qu'il pouvait éprouver pour elle, et il lui était inconcevable de vivre avec elle sous le même toit vingt-quatre heures sur vingt-quatre. Dora s'en serait peut-être accommodée, elle aussi se sentait attachée à sa propre liberté. Un petit pincement au cœur la saisissait cependant quand, le soir, elle devait rentrer chez elle, rue de Savoie. Picasso veillait tard la nuit mais prenait soin aussi de sa santé, il n'allait jamais jusqu'à l'épuisement de ses forces, comme il avait pu le faire jadis, au Bateau-Lavoir ou ailleurs, mais pas comme Modigliani par exemple. Son petit côté bourgeois amusait certains qui allaient même jusqu'à le taquiner à ce sujet.

La nuit du 25 au 26 avril se déroula donc selon le protocole habituel. Dora ne passa pas la nuit chez lui, chacun était chez soi.

Le lendemain, il lui fallut attendre un coup de téléphone qui, généralement, se faisait entendre vers onze heures ou midi. Picasso l'appelait pour déjeuner avec elle. Soit à l'atelier, soit dans un petit restaurant de l'Odéon ou de Saint-Michel. Jamais de grandes tables, plutôt une restauration familiale où aimaient à se retrouver ses amis, des artistes en général.

La journée se passa calmement. Le temps était clair, presque chaud. C'était ce mois d'avril que Picasso aimait particulièrement. Vert et vif dans sa promesse d'été. Un sentiment de renouveau, de jeunesse habitait toujours selon lui ce mois-là, il disait que les hautes fenêtres de l'atelier des Grands-Augustins laisseraient filtrer la lumière neuve du printemps revenu, et qu'il y voyait comme une source d'inspiration supplémentaire, une énergie renouvelée qui entrait dans la maison. Dora vivait également au rythme de ce renouvellement, des promesses de la belle saison. Elle y trouvait elle aussi des forces à puiser, surtout pour supporter leur histoire d'amour. Quand elle osait en parler à Picasso, il éludait souvent la question. Il n'était pas homme à réfléchir ou à disserter sur ses relations amoureuses. Il en témoignait par des poèmes, des dédicaces de livres qu'il lui offrait, par des photos qu'il faisait d'elle ou par des peintures. Le plus souvent par des étreintes amoureuses fortes et puissantes comme il en avait l'habitude depuis toujours.

Ni lui ni elle ne pouvaient imaginer ce qu'il se passait à la même heure en Espagne.

C'était quatre heures de l'après-midi. Toutes les églises de Guernica sonnèrent l'alerte. Un raid était annoncé, qui se dirigeait vers la petite ville basque désertée de ses hommes, partis au front. Ne restaient plus que leurs femmes, leurs enfants, les vieillards. Ce devait être la même tranquille activité ralentie mais déterminée qui régnait partout dans les villages espagnols. Poursuivre la vie, ne rien lâcher à cause de la guerre, subir les règles et les usages nouveaux qu'elle imposait mais faire et refaire toujours les mêmes gestes quotidiens, le ménage dans les maisons, la cuisine, s'occuper des enfants, des animaux, faire comme si de rien n'était, comme si ces activités domestiques étaient le meilleur antidote à la violence de la guerre. Mais en filigrane, était perceptible le frémissement d'inquiétude qui devait habiter chacun. Où était le mari, le fils, le père tant aimés ? Comment résisteraient-ils à l'assaut cruel des phalangistes ?

Les cloches sonnaient donc, avertissaient de l'arrivée d'avions allemands. De fait, vers seize heures quinze, d'aucuns diront seize heures quarante, un premier avion allemand, un Heinkel, survola en rasant les toits la petite ville paisible. C'était l'heure de la sieste, et comme dans tous les villages espagnols, les places étaient encore désertes. Le Heinkel ouvrit le feu, puis plusieurs dizaines d'autres avions surgirent au fil de l'horizon. Ils avançaient calmement, devant les yeux effarés des habitants qui, sur le perron de leurs maisons, n'avaient pas eu le temps de s'enfuir. Les avions arrivaient lentement, comme une armada implacable et monstrueuse, et pendant plus de trois heures, lâchèrent leurs bombes. Le village, qui était petit, près de trois cents maisons, disparaissait peu à peu sous les bombardements : les églises s'effondraient, les bâtiments publics ne laissaient plus apparaître que des murs croulants, surgissant de tombereaux de gravats et de poussière. Des corps y étaient ensevelis, des cris quelquefois jaillissaient du tumulte, des cris de douleur entrecoupés de sifflements de bombes qui continuaient méthodiquement le massacre. Des avions de chasse en seconde ligne poursuivaient les habitants qui se réfugiaient dans les champs alentour et les mitraillaient dans leur course désespérée. La destruction se voulait systématique. Des villages avaient déjà été partiellement détruits à la suite de bombardements mais jamais avec une telle intensité et surtout jamais avec une telle volonté de faire table rase de la cible. En quelques instants Guernica ne fut plus alors qu'un champ de ruines et de flammes. Tout brûlait. Jamais de mémoire d'homme n'avait été perpétré un massacre de ce type. Les secours s'étaient organisés tant bien que mal. Les pompiers ne pouvaient accéder au cœur de la petite cité meurtrie. Les flammes trop vives les en empêchaient. Les effondrements de maisons et d'immeubles rajoutaient aux risques...

À Paris, c'était l'heure exquise qu'aimaient Picasso et Dora pour prendre l'air, s'échapper un peu de la pression de leurs ateliers, penser à autre chose, humer l'atmosphère de la ville, boire un verre.

Ce fut le lendemain qu'ils apprirent la terrible nouvelle. Près de deux mille morts, des centaines de blessés et de mutilés. Très vite, le monde entier fut mis au courant du massacre. Picasso lut la presse encore incertaine, encore mal informée, et fut déjà tétanisé. Jamais Dora ne l'avait vu aussi grave, aussi atteint. Elle-même était restée bouche bée devant l'énormité de l'événement.

Picasso lisait et relisait les manchettes des journaux. Déjà, en première page, s'affichaient des photos hallucinantes. Plus que tout, c'était le systématisme de l'attaque qui les terrifiait. Lentement, Picasso replia son journal et finit son verre. Dora prit sa main doucement, comprenant ce qu'il ressentait soudain, une blessure intérieure, un bombardement secret qui venaient de l'ébranler et devant lesquels il ne pouvait dorénavant demeurer silencieux.

Il se taisait toujours sur le chemin du retour. Ils prirent la rue Saint-André-des-Arts vers l'Odéon, puis tournèrent à droite vers la rue des Grands-Augustins. Picasso était blême, et dans son silence de l'effroi, de la douleur, mais aussi de la colère, de la rage et de l'indignation. C'était son pays qui était attaqué, il fallait maintenant résister. Il se sentait acculé, au pied du mur de sa conscience. Tout remontait, l'enfance à Málaga, sa mère et sa grand-mère, c'étaient elles aussi d'une certaine manière que les Allemands venaient de tuer, et l'Espagne tant aimée, quittée mais jamais oubliée, vécue à l'intérieur de soi, dans l'or, le noir et le rouge de sa peinture, la mort aussi de Lorca, abattu comme un chien, dans un ravin, dans la nuit de Grenade, d'une balle dans la tête. Il fallait les venger. Résister à l'horreur chaque jour grandissante. Dora comprit très vite que cette journée du 27 avril, au lendemain du massacre, était devenue décisive pour Picasso, pas seulement pour lui mais pour elle aussi. Quelque chose de profondément grave l'avait fait basculer, lui avait donné en une seconde un autre regard. Et elle avait été saisie, soudain, d'une infinie tendresse pour lui, comme une mère qui aurait voulu consoler son enfant meurtri, comme s'il venait de s'instruire d'un nouveau savoir, fait de souffrance et de meurtrissure.

Ils rentrèrent tous deux à l'atelier. Ils passèrent la nuit dans les bras l'un de l'autre, Picasso avait besoin de cette tendresse, et Dora éprouvait la douceur des mères, ce qu'elle croyait ne jamais éprouver. C'était la nuit de Guernica. Ils étaient attachés l'un à l'autre, comme deux lianes à leur même arbre, seuls au monde et tristes, infiniment. Mais ensemble. Ils étaient montés dans la petite chambre du haut, qui donnait sur le ciel ; du vasistas, ils pouvaient voir les étoiles et le halo de lumière que la ville électrique diffusait comme une auréole : c'était aussi la nuit de Paris, pas encore sous le feu des ennemis, mais quand même menaçante, et Picasso se taisait, regardait le ciel, les étoiles, les yeux de Dora, et tout à coup était née en elle la réponse qu'elle avait laissée en suspens lorsque Picasso, en août dernier, lui avait envoyé un poème auquel elle avait répondu par un pneumatique bouleversé : « Je suis déchirée par cette chose, lui avait-elle écrit. Qu'est-ce que j'ose venir faire dans votre vie ? » Maintenant, oui, elle savait ce qu'elle était venue y faire : être la consolatrice, l'immense mère de Picasso, ronde et gironde, muette et fervente à la fois, madone et pietà, celle qui le tiendrait dans ses bras quand le malheur surgissant l'accablerait, lui enlèverait tout son panache et toute son arrogance, toute sa royauté, pour ne laisser apparaître que le petit jeune homme de Málaga qui ne savait quoi faire de son don exceptionnel, aussi puissant que celui de Raphaël, disait-il, et en même temps qui l'encombrait, le désemparait. Elle serait donc cela, dans sa vie, celle qui s'effacerait pour lui donner la force de respirer et de ne pas étouffer sous les décombres calcinés de Guernica. Maintenant, il n'était plus question de savoir ce qu'elle osait venir faire dans sa vie, mais question de savoir ce qu'il allait, lui, faire de sa vie, de sa peinture, avec le poids de Guernica sur lui, avec cette injonction divine qui venait de l'accabler et le sommer de répondre aux assauts des avions allemands, faire en sorte que la peinture puisse aussi apporter une réponse à cette inhumanité.

Dora se disait que Guernica venait d'imposer à Picasso une nouvelle voie, une autre manière de peindre, d'autres possibles dans sa vie de peintre.

4

Dès lors, tout s'était enchaîné très vite. Picasso avait balayé ses premiers travaux concernant la commande espagnole, délaissé également les vignettes de *Songe et mensonge de Franco*, tout en gardant dans son esprit des images fortes qu'il avait déjà réalisées, comme ces visages de femmes implorant le ciel ou ces combats de monstres. Jamais l'atelier perché n'avait tant ressemblé à une ruche. Picasso bouillonnait d'idées, déjà tout s'était mis en place, ce qui allait devenir, qui serait enfin réalisé : « Le chef-d'œuvre inconnu ».

— Balzac nous a précédés, disait-il à Dora, il a posé les bases de mon projet, il l'a prophétisé, annoncé.

— Vous voyez, Pablo, le chemin d'étoiles dont nous parlions, le voilà…

À son tour, elle entrait elle aussi dans l'aventure du tableau, s'en emparait discrètement comme à son habitude, et Picasso, dans l'euphorie frénétique et créatrice qui avait pris possession de lui, l'associait aussi, sans discernement, dans une sorte de liesse amoureuse. Jamais leur amour n'avait connu ce moment inéluctable qu'ils vivaient tous les deux ensemble. Picasso rassemblait ses images mentales, tous ses objets éparpillés dans son esprit, les jetait en vrac dans sa charrette, et tirant les deux bras de la voiture, partait à l'appel du tableau que le destin, l'Histoire, il ne savait plus, avait imposé.

— Tout se joue hors de soi finalement, disait-il à Dora. Je croyais décider, et tout a changé. À mon insu. Et maintenant, me voilà le Minotaure de mon tableau, celui qui était en train d'arriver sur la route pleine d'étoiles, et que j'avais peint sans le savoir, il y a à peine quelques semaines.

Dora regardait avec émerveillement la toile qu'il avait intitulée *Minotaure tirant une charrette.* C'était bien lui, le taureau puissant aux testicules lourds et apparents, tirant tout le chaos du monde dans sa voiture à bras, le cheval blessé, sa tête traînant sur la route, et la toile inachevée, l'échelle, pour accéder aux étoiles qui font comme une auréole autour de lui, les feuilles de laurier qui n'ont pas encore ceint sa tête, tout l'arsenal de sa peinture, en route pour l'aventure du tableau.

La presse, chaque jour, rajoutait des informations et des précisions complémentaires sur le martyre de Guernica. C'étaient bien des bombes incendiaires qui avaient criblé la ville, des mélanges d'aluminium et d'oxyde de fer, qui pouvaient dégager une chaleur de plus de deux mille cinq cents degrés. Picasso lisait tout, ne voulait rien manquer du désastre, mais il fallait se méfier aussi de la propagande franquiste qui donnait une autre version de l'événement.

C'était Dora qui lui avait fait remarquer cette photo à la une d'un journal montrant les survivants civils partant, hagards, sur la route vers Bilbao, traînant derrière eux de vieilles charrettes basques à roues pleines, que des bœufs tiraient lentement. Elle lui rappelait le tableau qu'il avait fraîchement peint.

Une angoisse sourde étreignit cependant Picasso. Plus que jamais Dora se sentait reliée à lui, dans ce moment exceptionnel où elle avait enfin trouvé sa raison d'être auprès de lui, où lui-même ressentait sa présence constante à ses côtés évidente, nécessaire même.

Le temps cependant filait, l'inauguration de l'Exposition internationale étant fixée au 25 mai. Aurait-il le temps d'achever en quelques semaines la commande ? Il s'en savait intuitivement capable, l'œuvre à venir avait mûri dans la nuit de cet hiver, tout était prêt dans sa charrette pour que l'œuvre s'imposât sur la toile.

Picasso, qui n'était pas croyant mais refusait de se dire athée, « peut-être par superstition », plaisantait Éluard, disait que quelque chose allait « advenir ». Il parlait comme un prophète qui croyait aux paroles secrètes et messianiques. Dora en était émue parce qu'elle voyait bien qu'elle assistait à la gestation d'une œuvre inédite, dont le peintre lui-même ignorait encore où elle allait le mener.

— Comment avancer ? disait-il.

Les croquis préparatoires s'accumulaient, et il se rendait compte que ses précédents travaux, aléatoires et incertains, *Songe et Mensonge de Franco* comme *Le Peintre et son Atelier*, lui avaient fourni déjà quelques éléments de réponse. Dora quelquefois jetait un œil par-dessus son épaule pour voir l'avancée des esquisses. Au crayon, Picasso dessinait impétueusement des têtes de taureau et de femme, des feux partout qu'il allumait aux quatre coins des feuilles de papier. Quand Dora revenait de son atelier, elle le retrouvait dessinant avec la même frénésie que lorsqu'elle l'avait quitté, sans jamais encore, prétendait-il, avoir trouvé la vision d'ensemble de la composition. Mais il était sûr qu'elle se présenterait à lui, « comme une Visitation », disait-il en riant. La fureur du moment compensait la peine et la douleur secrètes que Guernica avait créées en lui. C'était un choc dont il ne maîtrisait pas encore la portée, « quelque chose d'hallucinatoire », rajoutait-il.

Un de ces jours-là, juste avant le mois de mai, Malraux était venu lui rendre visite en ami. Picasso l'aimait bien et se confiait souvent à lui. Malraux, avec ses yeux toujours affûtés, brillants et errants, et que la morphine égarait davantage encore, l'écoutait divaguer sur la peinture. Rien ne lui était inutile : il était comme un greffier qui conservait tout de son client. Picasso n'était pas avare de confidences justement. Mais les considérait-il comme telles ? Il parlait peut-être seulement à lui-même.

Devant Malraux, il s'était emballé, reprochant à tous ses dessins de n'être pas assez rassemblés entre eux, de ne pas savoir comment ils allaient s'unir, il les avait créés simplement sous la pression de cette émotion sublime qui l'avait envahi à la nouvelle de Guernica.

— Tu vois, disait-il à Malraux, tous ces personnages, ces hommes, ces femmes, ces chevaux, ces taureaux qui se présentent sous ma main, je voudrais qu'ils aillent rejoindre, comme dans un puzzle, leur propre place. Qu'ils aillent à la rencontre *du* tableau inconnu. Qu'ils y aillent sans mon intention : si je les ai dessinés, c'est qu'ils ont leur part dans la symphonie que je veux réaliser.

Malraux, très engagé dans la guerre civile espagnole, était effondré par le massacre de Guernica. Bien plus que Picasso, il voulait partir au front rejoindre les Républicains, se battre à leurs côtés. Picasso y voyait la fougue de sa jeunesse, son enthousiasme et son côté illuminé lui plaisaient bien.

— Guernica vient à votre heure, Picasso. C'est votre moment. Vous devez peindre cette abomination.

Picasso, intuitivement, n'était pas tout à fait sûr de cela. Plus que l'événement en lui-même, c'était la violence qu'il voulait peindre, la terreur et la barbarie. Faire en sorte que, comme les fusillés de Goya, ce ne soit pas seulement l'événement factuel qui soit rapporté, commémoré d'une certaine façon, mais le sillage de l'événement. En d'autres mots, l'insaisissable barbarie du monde et des hommes.

— Tu comprends, Malraux, c'est plutôt ça qui m'intéresse. Le sillage, la réverbération de Guernica. Qu'on dise en voyant le tableau que ce qui y est montré, c'est l'universel malheur des hommes, l'universelle douleur et l'éternelle terreur qui est exercée sur les innocents.

Soudain, pour compléter sa démonstration, il s'était souvenu du grand tableau d'Henri Rousseau, *La Guerre,* qu'il avait peint en 1894. La chevauchée de cette fillette sauvage traversant une forêt décimée, entourée de bêtes féroces. Voilà qui était le symbole de la guerre dans toutes les nations, dans tous les âges.

— Eh bien, c'est comme dans *La Guerre* du bon Douanier, Malraux. Le passage de la violence, la traversée de la terreur, la fureur de la cruauté… C'est ça qu'il faut rapporter.

— Ça y est, Dora, lui avait-il dit, dès qu'elle l'avait rejoint. J'ai trouvé. Ne pas peindre Guernica, le village anéanti, les maisons fumantes et les avions rasant les clochers des églises… Mais peindre le passage de la mort. Que le tableau ne soit ni dans la couleur ni dans la fureur. Il faut qu'on n'entende aucun bruit en le regardant, il faut même qu'il n'y ait pas de mouvement. Peindre l'anéantissement des choses et des êtres. Peindre leur silence mortel.

Rien n'était prêt pour commencer le travail, rien n'était encore pensé quant aux dimensions de la toile, aux couleurs vraiment choisies, à la disposition des motifs qu'il y mettrait.

— Mais tout se réglera dans la nuit, dit-il à Dora. Restez avec moi, aidez-moi.

Elle avait compris l'appel au secours. Pour une fois, elle n'était plus la petite fille de Buenos Aires en quête du père, elle ne cherchait pas à mettre sa main dans la sienne, elle ne cherchait pas ses parents parce qu'elle se croyait toujours perdue dans la foule anonyme, bruyante et insouciante. Elle allait l'aider, oui, à accomplir son travail.

Il y avait une sorte de don d'elle-même, d'offrande qu'elle lui faisait. Elle l'assisterait dans son chef-d'œuvre. Picasso disait en ne riant qu'à moitié, bien convaincu au fond de lui de la véracité de ses propos, que « les temps étaient arrivés de la prophétie, réalisée. Ce n'est pas par pur hasard que je me suis installé ici, dans cet atelier. Pas par hasard si c'est vous, Dora, qui me l'avez trouvé… »

Tout allait très vite maintenant. Dora aimait ces temps d'urgence qui correspondaient aussi à cette passion livrée en elle qui la tenaillait toujours jusqu'à l'oppression et qu'elle essayait de contenir par une grande domination d'elle-même, s'accordant quelques écarts soit en pleurant, soit en faisant des scènes à Picasso. Elle se trouvait embarquée dans une histoire commune. Plus que jamais, elle était devenue l'amante, non plus la maîtresse mais bien l'amante, qui avait gagné un pouvoir considérable en quelques jours. Une reconnaissance au prix d'un massacre. Elle ne se faisait pas d'illusion sur son propre destin : la mort toujours rôderait autour d'elle, ne la lâcherait jamais.

L'événement tragique de Guernica avait ranimé en Picasso sa fureur de peindre, un temps apaisée et contrariée aussi par des soucis extérieurs qui le perturbaient. Dora avait bien observé cette détresse qui soudain pouvait s'emparer de lui jusqu'aux larmes.

Un jour, elle l'avait surpris assis sur une chaise, les jambes écartées, les coudes sur ses genoux, se tenant la tête dans les mains, et pleurant. C'était la première fois qu'elle le voyait ainsi. Pouvait-elle même imaginer Picasso pleurer ? Elle connaissait seulement de lui son énergie, sa virilité, sa manière de foncer qui ne laissait guère de place à l'émotion sentimentale ou à la peine. Mais là, il pleurait. Elle n'en croyait pas ses yeux. Elle avait même été gênée de venir le consoler, feignant de ne rien voir, esquivant la conversation, mais à sa grande surprise, il ne s'en cachait pas. Au contraire, il affichait sa douleur, incompréhensible, impensable. Était-ce là qu'elle avait senti son admiration, non pas décliner, mais changer de tonalité ? Était-ce l'effondrement d'une légende ? D'un mythe ? Picasso était un homme qui pouvait aussi pleurer. Il n'était donc pas un dieu, ou mieux encore Dieu… Et puis soudain, il s'était mis à parler, à avouer. Contredisant son affirmation péremptoire et orgueilleuse de sa jeunesse (« j'ai peint à seize ans comme Raphaël ! »), il déclara :

— Jamais je ne pourrai atteindre, dit-il, ce que les plus grands, surtout ceux de mon pays, ont atteint. Jamais.

Il parlait « d'échelle de valeurs jamais approchée », et se reprochait d'avoir, disait-il, « jeté l'échelle », inventé d'autres valeurs.

Aussitôt qu'il eut dit cela, Dora se souvint du tableau qu'il avait peint, en mars dernier, juste avant Guernica, cette sorte de déménagement du Minotaure, tirant une charrette à bras dans laquelle il avait jeté pêle-mêle une foule d'objets et même un cheval, et de laquelle surgissait une énigmatique échelle justement. Oui, le Minotaure, qu'il avait doté d'une paire d'yeux malicieux, s'était débarrassé de l'échelle des valeurs qu'il convoitait et admirait, celle des Goya, des Vélasquez, des Zurbarán… Venait-elle alors de découvrir le sens secret du tableau qui trônait encore, posé contre un mur, dans la grande pièce du troisième étage de l'atelier ?

Le 1er mai, il décida du format de la toile qu'il allait composer pour l'Exposition. Le poids de Guernica et du village anéanti avait changé la donne, bouleversé tout son être. Dora trouvait qu'il avait pris des années sur son dos, sur son visage : quelque chose de nouveau était apparu, une certaine gravité, une responsabilité.

Elle l'entendit téléphoner à son marchand de couleurs, Castelucho, rue de la Grande-Chaumière, et lui passa commande d'une toile. Huit mètres par trois et demi ! Elle arriva, dès le lendemain, roulée, déposée au troisième étage, juste à côté de son appartement privé, dans une grande pièce vide. Le châssis fut monté sur place, faute de pouvoir le transporter et le passer par les étroits escaliers. Et comme la toile était décidément trop grande, on décida de l'incliner afin que Picasso pût peindre correctement.

La toile encore à l'état d'écran blanc géant irradiait une force singulière, c'était là, se disait Picasso, que le mystère de la peinture allait s'exercer, là que des formes et des lignes allaient se poser, se croiser et s'entrecroiser, et au final, transmettre, peut-être une idée, un symbole, un message, mais surtout une émotion. Un ébranlement de tout son être qui peut faire changer le monde à lui seul.

Dora, très vite, saisit l'importance que revêtait soudain, installée, la toile vierge : elle était l'annonce d'un chef-d'œuvre à venir, et elle en serait le témoin et peut-être davantage. Dès le 2 mai, Picasso lui demanda de venir à l'atelier. Il avait quelque chose à lui dire.

— Vous êtes la seule qui pouvez m'assister dans ce travail, lui dit-il. La seule suffisamment douée pour photographier au jour le jour l'avancée de la toile blanche. Ce que j'attends de vous, ce n'est pas seulement un déroulé quotidien, mais plutôt la preuve visuelle que vous allez m'apporter pour comprendre l'évolution de mon travail, j'en avais déjà parlé avec Christian Zervos, récemment. La photographie peut m'aider à comprendre « le cheminement suivi par le cerveau pour matérialiser un rêve [2] ».

La présence de Dora s'imposait donc quotidiennement, elle en réalisa tout de suite l'intérêt et la nouveauté, mais exigea aussi d'être rémunérée pour le travail accompli. Picasso, conscient de l'importance de son projet, lui obtint aussitôt de la part du Comité du pavillon pour l'Exposition Internationale une enveloppe raisonnable.

Jamais l'intimité entre les deux amants ne fut aussi grande. Dora triomphait auprès de la Cour, tandis que Marie-Thérèse fulminait et faisait valoir son rôle de mère, d'amante délaissée sans toutefois indisposer Picasso qui avait horreur des jérémiades féminines. Malgré sa présence désormais nécessaire, Dora supportait un poids de solitude et de frustration dont elle ne soupçonnait pas encore l'incidence qu'il aurait dans sa vie future. Pour l'heure, elle était tout engagée dans cette proximité créative à laquelle Picasso venait de la faire accéder. Ignorait-elle ou feignait-elle de l'ignorer ? Picasso utilisait tous les dons alentour, toutes les aubaines pour réaliser ce qu'il appelait justement « son rêve ». Pas une seconde, il ne considéra cette tâche qu'il avait assignée à Dora comme un cadeau d'amour, une manière de fusionner avec elle. Elle, au contraire, voulait y voir envers et contre toutes les apparences une création croisée, un face-à-face stimulant qui allait faire pâlir de jalousie toute la Cour…

Dès la toile posée contre les poutres imposantes, Picasso eut l'intuition de l'œuvre à venir. Les premières esquisses réalisées dans la frénésie mirent en scène les grandes lignes de force du tableau. Tout y était déjà, mais dans sa première jeunesse, dans son premier élan. Une atmosphère de ruche présidait désormais dans l'atelier, la vaste toile attirait le regard comme un aimant ou un soleil noir. Tout lui était soumis. Quand vint le choix des couleurs, Picasso demanda à Dora de rechercher une peinture moins traditionnelle que celles qu'il avait toujours utilisées, quelque chose qui aurait une intensité nouvelle, comme si la toile à venir devait tout entière procéder d'une vision inaugurale.

— Moins brillante, lui disait-il, moins riche que celle que j'utilise d'ordinaire.

Elle lui proposa de la peinture vinylique mate, une peinture de type industriel, du Ripolin. Il opta rapidement pour celle-là, trouvant peut-être que cette matière avait en elle-même une essence populaire, fruste, qu'elle apporterait une patine particulière, moins sophistiquée que celle des couleurs pour artistes peintres.

La tension exercée par le projet sur Picasso était telle qu'il n'y avait plus de place pour leur propre histoire sentimentale. Dora non plus ne s'en préoccupait pas en apparence, même si le soir, quand elle rentrait la plupart du temps chez elle, elle se trouvait confrontée à sa pauvreté, à une sorte de désarroi intérieur qu'elle assimilait à une solitude spirituelle grandissante.

Elle écrivait de petits poèmes sur lesquels elle se remettait sans cesse à travailler, jamais contente d'eux, parce qu'ils n'allaient pas, à ses yeux, aussi loin qu'elle l'aurait voulu. C'était son occupation quasi secrète : quelquefois elle en lisait un à Picasso ou le lui faisait parvenir, en écho à celui qu'il pouvait lui envoyer aussi, mais en général elle les gardait pour elle, établissant avec eux un dialogue secret, personnel. Tout ce qu'elle écrivait tournait autour de sa solitude, de son angoisse, en proie, quand elle se retrouvait seule dans son atelier studio, à une peur panique. Des « amis » bien intentionnés lui disaient crûment parfois que Picasso allait la détruire, qu'il était « un amant démoniaque [3] », mais elle ne voulait rien entendre. Alors elle écrivait, ressassait ses vers, les recousait, pour aller toujours au plus près de sa pensée : c'était au milieu de la nuit, elle notait : « Des conseils absurdes

Une satisfaction comme un rêve,
Et la fatigue
Un grand courage moqué [4]... »

Un jour même, elle n'était pas venue à l'atelier des Grands-Augustins, voulant se rendre en taxi au Tremblay-sur-Mauldre où résidait Marie-Thérèse. Mais au milieu de la course, elle avait renoncé et demandé au chauffeur de rebrousser chemin, ne pouvant pas supporter l'idée d'apercevoir, même de loin, la vieille maison qu'Ambroise Vollard avait prêtée à Picasso pour loger sa maîtresse et sa fille. Et elle s'était mise à pleurer, comme une enfant, sur la banquette arrière. La lumière du mois de mai était douce et filtrée d'or, et elle s'était sentie malgré tout complètement abandonnée, livrée au labyrinthe obscur sans même pouvoir se débattre. Elle revint donc à Paris, rue de Savoie, monta lentement les étages, et attendit que Picasso voulût bien l'appeler.

— Me convoquer plutôt, rectifia-t-elle.

Lui n'avait cédé à aucune distraction. La toile était déjà comme rayée par les grandes lignes de force du tableau qui germait dans son esprit. Une femme à gauche, portant un enfant mort ou blessé dans ses bras, un taureau menaçant au mufle dilaté, un homme couché tout du long au premier plan, une épée ou une arme brisée dans sa main, à droite, une femme (ou un homme ?) levant les bras au ciel en signe de désespoir, une autre femme à ses pieds, telle une Pietà, tendant un enfant dans ses bras, et un visage de femme, sortant d'une fenêtre, brandissant au bout de son bras tendu une torche allumée… Avec sa virtuosité géniale, Picasso avait déjà tout mis en place. C'est ce qu'il appelait le « temps primitif ». Après, viendrait celui des « métamorphoses ».

— Ce sont ces métamorphoses justement que je veux que vous photographiez, dit-il à Dora. Le tableau est en train de se faire, il est en mutation permanente, il bouge et il est la vie même.

Peu à peu, Dora entrait avec lui au cœur du labyrinthe car pour accéder au plus vif de son œuvre, encore fallait-il s'enhardir, pénétrer dans les entrailles obscures du mystère qui se jouait ici, et capturer ce qu'elle pouvait dans l'obscurité.

— Je veux qu'on comprenne que la peinture n'est pas faite pour orner de beaux salons. Il faut que le monde comprenne la vraie nature de la peinture : une lutte contre la mort. Un défi aux forces du mal et de la nuit.

Au fil des heures et des jours, Dora s'enhardissait elle-même : elle photographiait non seulement la toile, ses étapes singulières, mais aussi Picasso en train de peindre, et elle en éprouvait une sorte de jouissance intime, secrète et profonde. Elle le prenait en train de travailler, à moitié courbé, penché, presque à terre, concentré sur son œuvre, maniant ses longs pinceaux comme des baguettes magiques, appuyé contre le soubassement d'une haute fenêtre, quelquefois à peine vêtu d'un tricot de peau, ou bien étrangement en chemise et en cravate, tenant son pinceau avec une délicatesse de danseuse. Elle emportait son appareil jalousement comme on tient un trésor, jusqu'au studio de la rue de Savoie, où, dans la nuit, elle développait les clichés. Apparaissait alors dans la pénombre de l'atelier des Grands-Augustins l'œuvre en gestation, incomplète et inachevée, mais porteuse de tout un équilibre de formes et de silhouettes, dont elle pouvait déjà soupçonner l'ampleur. La silhouette de Picasso aussi surgissait, toute petite, presque humble et misérable, au regard de la haute toile. Elle voulait y entendre le silence, puissant et sonore, de la création en train de se répandre, et le noir et blanc des photos semblait être au contraire des flammes incandescentes.

Presque naturellement, Picasso avait choisi une palette monochrome, alternant des gris cendrés et des noirs funèbres que le reste de la toile blanche faisait éclater d'une luminosité profonde, mythologique. Épuisé, il s'arrêtait peu de temps pourtant pour se restaurer avec Dora. Ils descendaient dans leur petite « cantine » de la rue Saint-André-des-Arts ou bien Dora faisait livrer d'une pension de famille voisine quelques plats qu'il mangeait en hâte avant de se remettre à la tâche. Quand elle avait l'imprudence de lui demander si le travail avançait comme il le voulait, il répondait presque irrité qu'il n'en savait rien.

— J'avance dans la nuit, Dora, comprenez-vous ? Je prends ce qui vient, ce qui surgit, ce qui se présente et qui modifie ce que j'ai fait précédemment. Rien ne se fait continûment, je n'ai pas de plan prédéfini, inévitable, tout est remis en cause, à mon insu. Mais ce qui est inévitable, c'est la cruauté de la violence que je veux montrer. Par la cruauté, montrer l'agonie de la vie et, par là, exalter cette vie.

Le massacre de Guernica occupait toujours les esprits. Après une semaine il faisait encore la une des journaux avec des photographies saisissantes, terrifiantes. Elles alimentaient la colère de Picasso, lui donnaient des énergies sauvages, retrouvées. Mais en même temps, il ne comptait pas faire un tableau politique. Avec un message historique.

— C'est l'irruption de la mort et de la violence que je veux peindre. N'était-ce pas Proust qui disait, je crois, qu'il ne voulait pas décrire le jet d'une pierre dans l'eau d'un lac mais les ronds concentriques qu'elle faisait en y tombant ? Autant dire la rumeur plutôt que le fait ?

Éluard venait souvent leur rendre visite. Il leur avait lu des extraits de son grand poème sur Guernica qu'il n'avait pas encore achevé. Lui aussi avait dépassé l'événement pour parler de l'humain, de ce que l'on voulait lui enlever.

Dans la lumière incertaine de l'atelier, entre chien et loup, il leur lisait ses vers, de sa voix monocorde et blanche, des mots que Picasso recevait en plein cœur, qui rappelaient la vie simple des habitants de Guernica mais qui pouvaient être aussi ceux de Málaga, sa petite ville natale, et tout d'un coup il se sentait pris d'affection et d'attachement violent pour eux, parce qu'il était des leurs, de son monde. « Les hommes les enfants ont le même trésor/Dans les yeux/Les hommes le défendent comme ils peuvent. Les hommes les enfants ont les mêmes roses rouges/Dans les yeux/Chacun montre son sang. »

Et ses vers étaient autant de traces qui iraient s'inscrire sur la grande toile, de manière presque invisible, mais bien là cependant, dans le chaos du monde qu'il avait installé.

5

Les états préparatoires passés, les premières lignes jetées sur la toile, chaque jour complétées, modifiées, harcelées, la fresque aux proportions géantes commençait à profiler un ordre que, méthodiquement, Picasso réorganisait, équilibrait. Dora disait que le chaos prenait forme, habitait la pièce de manière farouche, s'imposait sauvagement. Elle apportait en fin de matinée les clichés nouvellement tirés et Picasso scrutait la progression des métamorphoses. Dora ne pouvait s'empêcher de penser que la femme au profil massif qui, de sa fenêtre, lançait un bras vengeur au bout duquel brillait une torche, ne pouvait être qu'elle. La torche de la sagesse, la même que celle que tenait la statue de la Liberté dans la baie de l'Hudson, à New York, et qui éclairait les hommes à leur arrivée en bateau. Comme à son habitude, elle ne parlait presque pas, laissait se dérouler la peinture comme une frise devant ses yeux, et en même temps qu'elle, leur histoire personnelle.

Depuis le 11 mai, elle s'attelait au reportage de la toile. Ses avancées, ses repentirs, ses omissions volontaires par rapport aux esquisses préliminaires, ses retouches, ses innovations, tout y était recensé.

— Surtout, dit Picasso, prenez toujours du même endroit, sans aucun affect. N'y mettez pas votre émotion, cadrez de manière technique, sans objet extérieur, sans effet de lumière, à même heure de préférence.

Elle était la servante docile, celle qui ne laisserait apparaître aucun sentiment, aucune intention artistique, tout entière asservie à l'œuvre qui se faisait. Sans jamais montrer son talent de photographe.

— La photographie objective, disait Picasso.

Pour compenser sa frustration, pour échapper au grand puits noir dans lequel Picasso voulait l'engouffrer, elle faisait des plans personnels, « pour moi », se disait-elle. C'était Picasso qu'elle aimait qui en était la cible. Dans les effets de lumière et de clair-obscur dont elle était passée maître, elle épiait le moment où il laisserait apparaître son humanité : les plis de sa chair à travers le tricot de peau, ses mains agiles tenant le long pinceau, la mèche de cheveux qui tombait sur son œil gauche, de tout petits détails qui trahissaient l'homme et en même temps la femme amoureuse qu'elle était. C'était sa distraction, sa récréation, disait-elle.

Picasso la laissait faire, trop occupé à son travail. Parfois, il le délaissait pour se mettre à d'autres toiles, de format plus petit, que son marchand de couleurs lui apportait. C'était pour lui aussi une forme de récréation. L'art de Dora cependant s'exerçait et s'épanouissait dans ce travail commun. Jamais, hormis pour le « reportage » objectif que Picasso souhaitait, elle n'avait autant joué de son « œil » singulier pour atteindre Picasso au cœur palpable de son génie.

L'atelier avec ses poutres massives, et sa grande hauteur de plafond servaient ses intentions inconscientes. Comme elle avait photographié, à Mougins, la Cour et plus précisément Picasso sous les canisses de la terrasse de *Vaste Horizon*, en août dernier, rayant toute la petite troupe d'ombres et de lumières, les encageant d'une certaine manière, elle prenait Picasso sous des angles singuliers, au haut de l'échelle, au pied de la toile, près d'un soubassement de fenêtre. Seuls surgissaient son visage, ses mains, un pinceau, brandi comme un sexe menaçant, l'entrecroisement des poutres sous le faîte du toit, apparent, rajoutait à l'impression d'enfermement où se jouait leur histoire. Les angles de vue originaux et inattendus faisaient penser à des gravures de Piranèse, aux séries de gravures qu'il avait exécutées, représentant des prisons et des lieux de torture : à sa façon, elle emprisonnait Picasso dans son objectif, l'empêchait symboliquement d'en partir. L'énigmatique visage qu'elle donnait de lui, toujours grave, profondément creusé de rides latérales qui formaient deux sillons de chaque côté de ses joues, le regard imperturbable, ne laissant paraître aucune émotion, faisait croire qu'il était passé dans un autre monde, celui, mystérieux, de la création, de la peinture en train de se faire. Elle ne lui montra pas ces nouveaux portraits qu'elle venait de réaliser, craignant peut-être qu'il ne se sentît trahi, révélé, mis à nu.

La ruche bourdonnait de ces tensions internes, au rythme de la progression de la toile. Picasso, s'il travaillait en silence, maugréait souvent, ou bien exprimait quelques impressions, sans en attendre de réponse.

— Rien qui ne doive faire reconstitution historique. Vous voyez, Dora, j'ai enlevé ce matin ce que j'avais prévu sur les esquisses préalables. Les toits d'un village, tout ce qui pourrait apparaître comme exotique, pittoresque. Je laisse seulement cette fenêtre d'où sort la tête de la femme brandissant une lampe. Cela suffit. Le toit, à peine montré, quelques poutres et l'on peut en effet penser à un village basque, catalan, mais pas davantage. Ce n'est pas Guernica que je peins mais l'idée de Guernica que le village est devenu.

Il allégeait ainsi les travaux préparatoires, remplissait les vides, et s'enhardissait à coller des bouts de papier peint sur certaines parties, comme il avait vu jadis son propre père le faire sur certaines de ses toiles. Quelques couleurs jaillissaient ainsi du tableau mais il n'était pas tout à fait sûr de les conserver.

Dora lui était très utile parce que plus que personne, elle savait manier les projecteurs dont il avait besoin pour éclairer sa toile. En bonne professionnelle de la photographie, elle savait comment placer les lampes pour apporter plus d'intensité à la fresque. Picasso, symboliquement, avait remplacé le grand soleil initial qu'il avait prévu au milieu de la composition par un soleil aplati, ovoïde, au sein duquel, au fil du travail, il avait installé une ampoule électrique. Comme si le cosmos lui-même ne pouvait éclairer la terre des hommes et qu'il fallait y ajouter une ampoule et surtout la lampe que brandit la femme. À ce propos, Dora avait trouvé que la femme en question lui ressemblait, certes, mais elle avait aussi repéré quelques traits caractéristiques de Marie-Thérèse. Le front, surtout, cette tête ronde, ce regard un peu interrogatif qu'elle avait remarqué chez sa rivale.

Rien n'était résolu dans le trio amoureux que Picasso avait laissé en place et dont il se satisfaisait. Aucune intention de sa part d'y remédier d'une quelconque façon.

Finirait-il par se lasser de Marie-Thérèse ? Ou bien la naissance de Maya avait-elle renforcé leurs liens ? Est-ce que ce ne serait pas elle, Dora, plutôt, qui était en première ligne pour être évincée ? Du Tremblay, Marie-Thérèse s'était offusquée de la présence de Dora à l'atelier des Grands-Augustins. Mais sa règle était de ne pas indisposer Picasso avec ces histoires. Elle savait qu'il ne le supporterait pas. Elle avait depuis longtemps déjà accepté ses incartades, et sa liberté absolue en matière sentimentale.

Mais un jour, en pleine création de la fresque, elle débarqua à l'atelier et fit une crise qui bouleversa Dora.

— Je vis avec Picasso depuis des années déjà. J'ai un enfant de cet homme. Vous n'êtes que de passage. Je vous demande de partir.

Dora, tétanisée par la violence et l'assurance de Marie-Thérèse, vacilla un instant. Comme à son habitude, elle ne répondit pas. Ce qui eut pour effet d'exaspérer davantage encore Marie-Thérèse qui, faute de pouvoir répondre à Dora, se retourna vers Picasso pour lui demander d'arbitrer. Mais Picasso, tout à son travail et détestant par nature tout conflit, ne voulut pas trancher.

— C'est votre affaire, débrouillez-vous, dit-il en retournant à son travail.

La querelle continua. Marie-Thérèse insistait là où cela faisait mal, l'impossibilité présumée de Dora d'avoir un enfant de Picasso, et Dora avait beau jeu de prétendre qu'elle ne voyait pas le rapport avec la relation qu'elle entretenait avec lui, Marie-Thérèse continuait sur ce chapitre.

Pour Dora, l'abandon, la solitude, l'enfance, l'exil, tout remonta des grands fonds de sa mémoire. Elles en vinrent aux mains, s'écharpant, roulant même sur les tomettes vernissées du sol. Puis, en se relevant, Dora prit soudain conscience du ridicule de la situation, se redressa, remit ses vêtements en place, se recoiffa d'un geste de la main et, sans un mot, quitta les lieux.

La lâcheté de Picasso ne l'avait pas surprise. Elle le savait capable de toutes les fuites, pensait même qu'il y trouvait quelque plaisir. Mais en elle, profondément, une blessure s'était rouverte, pas seulement d'orgueil ou narcissique mais celle, plus profonde encore, du lien perdu, initial et originel, qui jamais ne pourrait se réparer, qu'elle tentait vainement depuis des années d'apaiser et qui, régulièrement, revenait à elle, ravivait sa douleur. Comme une tisserande, pas un jour elle n'avait cessé de ravauder la trame effilochée, et pas un jour elle ne s'était retendue. Les photographies qu'elle avait obtenu de réaliser étaient un moyen d'échapper au malheur, mais une force implacable, infiniment tyrannique, la talonnait et lui rognait toujours un peu plus les ailes. La question de la maternité la harcelait. La stérilité, l'impossible accomplissement de l'amour. Bataille avait célébré son corps, inapte à produire de la vie, il avait chanté ses hanches, ses seins, ses fesses, mais à quoi bon finalement ? Ses charmes n'avaient servi qu'à la séduction, qu'à l'amour physique, qu'à en jouir érotiquement. « Ma femme aux yeux d'eau pour boire en prison/Ma femme aux yeux de bois toujours sous la hache/Aux yeux de niveau d'eau de niveau d'air de terre et de feu… », lui avait-il dit. Mais à quoi bon tous ces éloges ?

Picasso l'avait vu aussi comme Bataille : « Ses grosses cuisses/ses hanches/ses fesses/ses bras/ses mollets/ses mains/ses yeux/ses joues/ses cheveux/son nez/

sa gorge… », avait-il griffonné sur son carnet. Il avait décliné toutes les parties de son corps, à la manière des poètes du Moyen Âge, mais tout cela était resté vain, sans échange, puisque son corps n'était là que pour satisfaire son plaisir d'homme. Il avait rajouté toutefois à sa longue énumération : « ses larmes ». Dès le début de leur relation, il avait remarqué cette tristesse infinie qui se noyait dans son regard, ses yeux de petite fille apeurée qui demandait de l'aide et c'était peut-être cette pauvreté-là qui l'avait séduit chez elle, séduit et excité aussi. Dévorer de baisers son « masque lilas vêtu de pluie ».

En sortant, elle avait bifurqué vers les quais, longé la Seine jusqu'à Saint-Michel, muette et vide d'elle-même. Une étrange impression s'était logée en elle, celle de la vacuité de sa vie, de la perdition de soi, et surtout cette idée qui germait en elle, que de cette relation elle deviendrait folle. Quelquefois, en plaisantant ou plus sérieusement, dans certains moments de tension avec Picasso, il lui avait dit « qu'elle était folle ». Lui, jamais ne s'était senti atteint, interpellé même par la folie. Son génie l'empêchait d'y succomber, et aussi son narcissisme conquérant qui mettait en place des verrous contre son intrusion.

La folie pourtant occupait la toile en devenir. Plus elle progressait, et plus le chaos s'installait, mais un chaos organisé sans que Picasso n'intervînt lui-même. Dans l'atelier que le tableau irradiait,

Dora pensait aussi perdre la raison. Une atmosphère cellulaire y régnait et elle avait du mal à y demeurer longtemps. Il n'y avait guère de place pour des pauses sentimentales. Chacun était trop absorbé par sa tâche, ou bien la tâche justement les absorbait et les possédait. C'est pourquoi il fallait de temps à autre s'en évader, sortir dans la rue, rencontrer des amis, prendre l'air. Le mois de mai rendait les bords de Seine paisibles et doux. La Seine paressait comme à son habitude.

Les états de la peinture changeaient au fil des jours. Les clichés de Dora étaient très significatifs de son évolution.

— C'est l'entrée de la couleur dans le jeu qui va « faire » le tableau, disait Picasso.

De couleur, en réalité, il n'y en avait pas, seulement les reflets de la lumière et de la nuit, autant dire, les gris, les noirs et les blancs qui se confrontaient, s'agressaient, s'unissaient, et « faisaient » en effet le sens du tableau. Il en ressortait une tonalité générale composée d'abord du noir, triomphant et souverain : le noir qui orchestrait l'ensemble du tableau, jetait ses reflets.

— Regardez, Dora, la grande horizontalité du format permet comme dans *La Parabole des aveugles* de Brueghel l'Ancien, de suivre la chute de tous les protagonistes que j'y ai installés. C'est comme un chaos qui se poursuit, inlassable roue du destin et de la mort. Dans le tableau de Brueghel, les aveugles tombent les uns après les autres, entraînés par la chute du premier, et toute la chaîne humaine qu'ils forment est déstabilisée, part dans le ravin. Là aussi, tout va à la mort, traversé par la violence, seul le taureau a l'impression d'y avoir résisté ou d'en être l'agent… Mais ne cherchons pas de sens narratif à tout cela. C'est le regard qui doit d'abord et lui seul tout emporter. Tout charrier.

Le mois de mai se passa sous ces auspices. Lourds et laborieux. À l'exception de la scène entre Marie-Thérèse et Dora, l'atelier était devenu un puits, un abîme où l'on ne pouvait entendre que le bruit des pinceaux sur la toile, un silence habité que ni Dora ni Picasso ne voulaient rompre.

Le 4 juin, Picasso rassembla quelques amis pour leur montrer le tableau. Il n'était pas encore fini, mais en passe de l'être. Il n'était pas sûr encore de conserver les bouts de papier peint colorés qu'il avait disposés à certains endroits comme le bout rouge sur le cou de l'enfant près du taureau : fallait-il le garder ou bien laisser tout le tableau dans sa funèbre monochromie ?

Les invités arrivèrent dans l'atelier et Picasso dévoila la toile. Elle apparut dans sa splendeur horizontale, comme un vaste panorama qu'aucun horizon ne venait borner, envahissant tout l'espace, et les invités demeurèrent stupéfaits. Le silence était perceptible. Dora mesurait la force du tableau que d'une certaine façon elle avait, elle aussi, fait naître. Elle tirait sur son long fume-cigarette presque machinalement, sans en jouir vraiment, mais tétanisée devant la force inouïe de ce qui venait d'apparaître. Elle avait toujours été convaincue que l'art s'approchait de Dieu et que Picasso sinon Dieu mais pourquoi pas non plus, était son envoyé, son messager, ou mieux encore son messie. Picasso aussi contemplait son travail. Puis, tout d'un coup, il se jeta sur la toile et arracha les papiers de couleur qui y étaient encore collés. La laissant à l'éclat du noir, du blanc et du gris.

C'était un après-midi près des quais de la Seine. Mais c'était aussi le crépuscule atroce du 26 avril à Guernica. Le désert de cendres fumantes et de corps agonisants ou terrassés d'où surgissait la fierté brutale du taureau aux naseaux enflés de fureur. C'était Guernica et ce n'était pas seulement Guernica. C'était d'abord le tout de la violence, l'abomination de toutes les guerres, ce que Picasso avait appelé dans un poème griffonné à Mougins, l'été précédent, « les fissures de la mort ». C'étaient bien elles qui avaient fait éclater la belle tapisserie de la vie, les aubes heureuses pour déverser son torrent de malheurs.

Quand Picasso arracha les derniers bouts de papier coloré, la toile avait soudain trouvé sa juste présence. Les invités ne s'y trompèrent pas : ils applaudirent tous pour féliciter le Maître mais aussi pour soulager la tension extrême que générait la toile. Sa réverbération incandescente.

Dora acquiesça au geste de Picasso. Elle aussi trouvait que le tableau ainsi rendu à sa vraie nature était infiniment plus grand, plus fort.

— Plus que dans un musée, je le vois comme une leçon spirituelle, suspendu au fond de la grande salle de réfectoire d'un monastère de carmes déchaussés, entre le Greco et Zurbarán, du côté de Tolède, dit-elle avec une grâce exquise et grave tout à la fois.

Picasso admit avec joie la réflexion.

— Adorable Dora, vous savez tout ! lui répondit-il.

6

Désormais, plus rien ne semblait faire obstacle à la sortie publique de la toile. Picasso et Dora se demandèrent comment l'intituler, car lui-même n'en avait aucune idée quoique, selon Dora, le titre de *Guernica* semblât tomber sous le sens. Mais Picasso craignait que ce nom ne limitât dans une certaine mesure la portée universelle du tableau dont il pensait qu'il avait égalé les œuvres les plus fameuses de l'histoire de la peinture. Il en était intimement persuadé, et il aimait à dire avec humour que le récit de Balzac avait enfin trouvé sa clé.

Sous la pression du comité directeur du pavillon espagnol, il accepta enfin de nommer la toile *Guernica*, peu persuadé toutefois que son œuvre fût engagée au sens où l'entendaient les experts. Lui et Dora en avaient une autre vision, une autre compréhension, plus vaste, plus globale. C'était Guernica bien sûr, le petit village martyr, mais ce n'était pas que lui. C'était aussi la constante chevauchée de la violence qui faisait fi de tout l'amour du monde, des rêves des hommes et de la grandeur innocente de la nature. C'était l'indicible et indifférent passage de la mort qui poursuivait sa route implacable. Picasso avait donc fini le tableau. Il fallut à présent le faire partir, l'accrocher là où déjà il était attendu, grand mur rectangulaire qui était prêt à l'accueillir. Picasso dut assister la mort dans l'âme au décrochage de la toile. L'enlèvement du châssis, le roulement de la toile, peut-être la mauvaise qualité de la peinture, les effritements, tout cela le bouleversait, et il assistait à toutes ces opérations comme on couve un enfant malade. Dans la voiture qui attendait son œuvre pour l'emmener au parc de l'Exposition internationale, il refusa de la laisser partir sans lui, il monta dans la voiture et la protégea de sa main, comme s'il accompagnait sa fille à l'autel de l'église ou la dépouille de sa mère au cimetière. Restée seule dans le vaste atelier, désormais vide, Dora allait et venait.

La lumière de juin pénétrait chichement par les hautes croisées des fenêtres, mais jetait des rayons de lumière poudrée de milliers de particules de poussière qui faisaient comme un halo doré. La lumière éclairait la place laissée vide. L'atelier était devenu méconnaissable tant la toile avait littéralement habité la pièce, l'avait occupée jusqu'à en saturer l'espace... Plus que jamais, elle se sentit seule. Elle arpentait les pièces, alla préparer un thé, pour se réchauffer car elle était transie comme si la toile, absente, avait laissé l'atelier à tous les vents. La solitude revenait avec lourdeur. Elle était brisée de fatigue. Maintenant, une nouvelle vie allait commencer. Comment Picasso renouerait-il avec la vie commune ? Sabartés, qui avait repris du service, allait et venait dans l'appartement privé de Picasso. Il feignait de ne pas la voir, de vaquer à ses occupations domestiques, ignorait sa présence. Peut-être pensait-il que la séquence Dora était périmée ? Dora se lova comme elle en avait l'habitude dans un fauteuil et prit des forces en buvant le thé brûlant. C'était un thé fort de Chine, qu'elle aimait beaucoup parce qu'elle disait qu'il lui donnait des énergies nouvelles, et qu'elle se sentait, après l'avoir bu, plus forte et plus fière. Car ce qui la dominait, c'était d'abord la fierté d'être Dora malgré toute son appréhension du monde et toute l'ignorance qu'elle en avait. Son inadaptation la laissait souvent désemparée, devant les hommes surtout, alors que tous croyaient qu'elle les dominait, qu'elle les méprisait.

Comment allait-elle survivre d'une certaine façon à *Guernica* ? N'était-elle pas à son tour une victime du massacre ? Picasso allait-il reconsidérer sa présence à ses côtés, admettre qu'elle avait sa part, elle aussi, dans l'incroyable entreprise ? Rien n'était moins sûr… Elle s'en était déjà rendu compte quand les premiers visiteurs officiels vinrent admirer le tableau et réfléchir aux modalités de son départ. Ils l'avaient presque tous ignorée, traitée comme la maîtresse, officielle certes, mais subalterne cependant, et Picasso n'avait rien fait ni dit pour les en dissuader. « Il aurait pu par exemple, ressassait-elle, dire que j'avais aidé à l'installation de la toile, à son éclairage, fait le reportage intégral pour en conserver les différents états, que cela était une initiative complètement novatrice, que sais-je encore ? Mais non, rien, il n'avait rien dit. Sinon la frénésie qu'il avait dépensée pour faire ce chef-d'œuvre. » Était-elle donc déjà exclue de *Guernica* ?

L'impression de chaos et de destruction provoquée par Picasso et qui pouvait être « lue » en regardant le tableau de gauche à droite lui avait fait penser irrésistiblement à ce photomontage qu'elle avait elle-même conçu un an plus tôt, en 1936, et qu'elle avait intitulé *Silence* : les voûtes de l'Orangerie posées à l'envers et des personnages de rue qu'elle avait photographiés qui, couchés, glissaient dans une spirale infernale… L'effet en était terrifiant et, à ses yeux, c'était aussi comme une autre représentation de *Guernica*, la perte inexorable de l'humain, avalé dans la grande centrifugeuse de la violence et de toutes les guerres, pas seulement celles entre les nations mais aussi celles à plus petite échelle entre les êtres, les amours contrariées, les tortures mentales, les solitudes désespérées, les exils. Des douleurs qu'aucun printemps, aucune nature heureuse, aucune germination ne pourrait entraver. Sur une feuille de papier, des mots s'alignaient, un poème à venir, à retravailler, des impressions à agencer : « Au miroir de face je m'interroge/Pour la nuit à venir/Que l'heure passe/Que je m'éloigne/Que le miroir soit vide/Pour toujours. »

La toile partie pour son propre destin, tout lui semblait désormais effondré. Picasso, grisé par son chef-d'œuvre, s'était remis frénétiquement au travail, achevant les vignettes qu'il avait commencées en janvier, *Songe et mensonge de Franco.* Le massacre de Guernica avait fortifié son engagement et sa détestation du régime fasciste que Franco symbolisait. Dora était redevenue la maîtresse au corps incarné, rond et sensuel, qu'il aimait, c'était la part qu'il lui octroyait, celle du désir et de l'effacement, il ne lui demandait que cela, une disponibilité d'amour, une offrande au peintre génial qu'il savait être. Secrètement, il se félicitait d'avoir dépassé le héros du *Chef-d'œuvre inconnu* de Balzac, Maître Frenhofer, qui voulait obsessionnellement atteindre l'absolu dans son œuvre et qui, faute d'y parvenir, la détruisit et se donna la mort. Il avait, lui, Picasso, le petit garçon de Málaga, surpassé Frenhofer, dans les lieux mêmes de son atelier, il avait vaincu la malédiction. Comme il était superstitieux, il y vit une sorte de consentement divin, une bénédiction suprême. Plus que jamais, il était triomphant.

Cocteau, venu le visiter, avait ensuite commenté sa rencontre. Et sa remarque était parvenue aux oreilles de Dora, pour la conforter, hélas, dans son intuition : il prétendait que Picasso était aussi bien femme qu'homme et qu'il n'avait, à ce titre, besoin de personne. Il formait ainsi avec lui-même un ménage. « Le ménage Picasso ». Et Dora dans l'histoire ? « C'est une concubine, avait-il rajouté. Avec laquelle il se trompe. » La pirouette, pleine d'esprit comme à l'accoutumée chez Cocteau, ne faisait pas l'affaire de Dora. Elle se morfondait ainsi, mais comment renoncer par ailleurs au « malheur merveilleux » de son existence avec lui ?

Les vignettes de *Songe et mensonge de Franco* avaient mis en lumière des profils de femmes désespérées et éplorées, criant leur douleur. Figures du malheur, presque des allégories, des représentations mythologiques dans lesquelles Dora finissait par se retrouver.

Elle se demanda si son désappointement, sinon son dépit, sa déception après le départ de la toile de *Guernica* avec laquelle ils avaient tous deux vécu, n'avaient pas inspiré Picasso d'une certaine manière, inconsciente ou réelle, elle n'en savait encore rien. Mais c'est un fait qu'il fut animé à la suite du grand vide laissé par le tableau, d'une puissante énergie pour commencer, à partir des vignettes de *Songe et mensonge*, des portraits de femmes qui ressemblaient beaucoup à Dora et qui la montraient dans la plus pathétique déploration.

L'absence de la toile, le trou béant qu'elle signifiait, comme une trace archéologique, avait rétabli l'ordre voulu désormais par Picasso. Elle retrouverait son appartement de la rue de Savoie, tout proche, elle viendrait déjeuner, dîner rue des Grands-Augustins, il la rejoindrait chez elle pour passer une nuit. Cet emploi du temps tacite ne plaisait guère à Dora, elle le ressentait comme une tyrannie de nouveau exercée à son encontre, et elle lui faisait quelquefois des scènes qu'il fuyait en se remettant au travail ou en quittant les lieux. Picasso n'aimait en aucune façon les embarras domestiques, tout ce qu'il estimait contraire à sa propre création, tout ce qui pouvait faire penser à des « histoires de femmes ». Dora se réfugiait alors et de nouveau dans le silence. Mais rien encore n'était suffisant pour l'empêcher de l'admirer et de demeurer à ses côtés. Même sa peine, confuse et profonde. Même sa souffrance vécue en secret.

Comme elle avait l'esprit très affûté et que sa mélancolie chronique aiguisait ses analyses, elle se souvint comme d'un couperet des derniers mots de Picasso quand elle s'était disputée avec Marie-Thérèse : « Arrangez-vous entre vous. » Les mots résonnaient maintenant dans son esprit lugubrement. C'était donc bien et seulement une affaire de femmes, une histoire de jalousie à laquelle il ne prenait pas part, qui ne le regardait même pas. Il l'avait renvoyée à son statut de maîtresse. De fait, les jours qui suivirent le départ de la toile, Picasso se montra assez distant, comme s'il voulait tout remettre en place (« ou à sa place », pensait Dora finement), et lui recommanda de continuer son travail de photographe. C'était là, prétendait-il, où elle excellait et il avait à cœur de le lui dire. Était-ce exactement cela qu'elle voulait entendre ? Quand elle était de meilleure humeur, elle mettait tout ça sur le compte de l'égoïsme masculin. Mais au fond d'elle-même elle n'en croyait pas un mot, il la renvoyait à son métier de photographe comme on renvoie une cuisinière à ses fourneaux.

Pendant ce temps, il continuait sa nouvelle série de tableaux consacrée à ce qu'il avait décidé d'appeler *La femme qui pleure*.

C'était officiellement la suite d'une des figures de *Guernica,* mais en sous-main, c'était aussi sa réponse à Dora. Il y avait les moments heureux et festifs auxquels elle avait participé mais d'elle, Picasso ne voulait retenir que la mélancolie, les yeux éperdus d'amour qu'il avait pu saisir une fraction de seconde en la photographiant, et ce qu'il pensait être sa nature profonde : la folie, la tristesse, la lamentation.

Au cours de leurs conversations qui, la plupart du temps, tournaient court ou s'achevaient par les cris et les pleurs de Dora, revenaient toujours les récriminations et les regrets que Picasso cruellement lui adressait :

— Vous êtes si belle Dora, si à mon goût, et en même temps, la force que j'ai cru déceler en vous dès le début me paraît à présent évanouie. Je vous veux forte, Dora.

Comme une enfant abandonnée, elle serrait, jusqu'à se faire mal, ses ongles dans les paumes de ses mains. Elle aurait voulu jusqu'au sang. Les ongles élégamment taillés, et vernis d'un rouge vif, ressemblaient à une série de petits canifs tranchants qui pénétraient dans sa chair et qu'elle enfonçait pour ne pas crier.

Dès le mois de juin et jusqu'en octobre, il la dessina donc sous les traits de « la femme qui pleure ». C'était à la fois une frénésie et une moquerie. Un sujet de plaisanterie. Elle en souffrait, muette et accablée, mais crânement, parce qu'elle se voulait trop fière pour le laisser apparaître. Alors, énigmatiquement, elle en souriait d'un air de dire : « Rira bien qui rira le dernier… »

La Cour avait repéré son manège et ne s'en moquait pas : au contraire, son sourire avait à la fois quelque chose de douloureux et de menaçant. Picasso accumulait les tableaux la représentant, il les étalait contre les murs, sur des chaises, et l'ensemble, aux couleurs très vives, était presque joyeux malgré le motif. La Cour riait sous cape, y voyait déjà le signe évident du délitement de leur couple.

Elle chercha des réponses à ce défi que Picasso lui lançait. Comment réagir à cette série de tableaux ? Comment l'arrêter dans ce qu'elle estimait être une mise à mort ?

Elle lui en parla, lui demanda de peindre autre chose mais lui prétendait ne pas voir de raison de s'arrêter puisqu'il était pris dans la fureur obsédante de cette série et qu'elle était la suite logique, à ses yeux, de *Guernica.* Il lui disait aussi que ce n'était pas contre elle qu'il agissait ainsi, ce n'était pas elle qu'il peignait même, mais cette souffrance intérieure qu'il avait reconnue en elle et qui le fascinait.

Elle était ainsi devenue un objet d'étude.

— Tu as quelque chose de « kafkaïen », aimait-il à lui dire, et cette comparaison continuait de détruire Dora qui se mettait à pleurer hystériquement.

Picasso profitait de ces crises pour lui dire qu'il « ne l'aimait pas, qu'il ne l'avait jamais vraiment aimée ».

— Ou plutôt si, rectifiait-il, je t'ai aimée comme on aime un homme. Sans désir.

Croyait-il vraiment à ce qu'il disait là ? Dora prenait ses aveux en pleine figure, redoublant de rage et de larmes.

Réagir, opérer un vrai sursaut, se persuadait-elle, pour contraindre la folie castratrice du Minotaure.

Elle chercha et elle crut trouver.

Plus rien de toute façon n'avait d'intérêt à ses yeux. Ni le jour ni la nuit, ni la belle saison de juin dans Paris qui voyait verdir les arbres le long de la Seine, elle ne prenait plus aucun plaisir comme d'ordinaire à flâner le long du quai de Conti vers l'Institut de France, pousser jusqu'au quai Malaquais, puis jusqu'à l'anse du quai Voltaire, rentrer par la rue des Saints-Pères et la rue Jacob. Jusqu'à l'Odéon. Elle ressassait en boucle ses désillusions et son désenchantement. Comment le reprendre ? Comment retrouver le charme des premiers jours ? Mais, à bien y réfléchir, elle s'apercevait qu'il n'avait jamais été l'amant charmeur qu'elle avait cru voir. Même s'il lui avait dit un jour, à Mougins, qu'il n'était pas seulement un taciturne mais aussi un joyeux fêtard, qui savait rire de lui et des autres, comme ce « monsieur » qu'il avait épié « derrière le casino » à Mougins, et qui « crachait les noyaux des olives à la gueule de la mer » !

Le rythme avec lequel il faisait son portrait s'accélérait et c'était toujours la même dépréciation de son visage, des profils désespérés, hurlants et noyés de larmes dans une débauche de couleurs qui compensait soudain les camaïeux funèbres de *Guernica*. Picasso disait qu'il retrouvait une nouvelle palette en réalisant ses « Femmes qui pleurent », toutes plus cruelles les unes que les autres. Celle du 22 juin 1937 avec sa jolie main, celle qui pourtant s'était dégantée pour se mutiler aux *Deux Magots*, et qui devenait un couteau à double lame, des larmes comme des clous qui glissaient le long des sillons des joues, celle qui portait ses mains à son visage, dans une attitude d'horreur, son joli petit chapeau rouge et bleu sur sa tête, comme un chapeau de clown. Elle attendait avec terreur tous les jours l'apparition d'une nouvelle toile qui la montrerait dans son statut inaugural de femme éplorée et douloureuse. Qu'étaient devenus ses beaux yeux implorants qu'elle avait donnés à voir, à Boisgeloup, où donc s'étaient-ils perdus ? Était-ce ainsi qu'il les voyait, des globes effarés roulant dans leurs orbites, ou bien bordés intégralement de cils épais et comme des astres inconnus ? Elle ne pouvait pas implorer sa pitié, elle n'en voulait pas. Il fallait au contraire qu'elle se reprît, qu'elle le défiât.

Elle crut trouver la parade en se mettant à son tour à la peinture. À chaque toile qu'il faisait, elle lui répondait par une autre, presque la même comme si elle voulait par là récupérer son image, se la réapproprier, ne pas la lui laisser. Le kidnapping de son visage serait ainsi suborné, elle le reprendrait, le sauverait de la mutilation.

— De la profanation, disait-elle.

Les reproches plurent sur Picasso, Dora par nature déjà bougonne et rancunière, « cabocharde », disait-on, ne se privait pas de dénoncer son travail. Lui, persistait à ne voir aucun mal dans ses portraits.

— Aucune malveillance pourtant, disait-il sobrement. C'est ainsi que je vous vois.

Il ne manquait pas d'évoquer d'autres portraits qu'il avait faits d'elle et où elle paraissait, souveraine, sur son trône.

— Souveraine, disait-elle, mais grotesque aussi.

Picasso haussait les épaules, renonçant à polémiquer, sachant que rien ne la ferait démordre de son idée. Il jouait avec elle entre admiration et détestation, c'était tantôt un portrait d'elle, magnifique, assise dans un fauteuil, puissante et hiératique mais enfermée dans une cage cependant, simulée par des murs en perspective, montés en lattes régulières, ou bien celui exécuté au crayon et pastel les mains sagement unies devant elle, son visage éclairé par ses grands yeux enfantins, et la tête ceinte d'une couronne de fleurs, toute sa silhouette se découpant sur un papier peint qui faisait penser à des cuirs de Cordoue.

— Ne vous inquiétez de rien, lui disait-il, vous êtes ce que la peinture a fait de vous. Mais vous pouvez tout être, belle et laide, sublime et immonde, sainte et démon, femme et petite fille, bête et déesse, arbre et fleur aussi. Vous incarnez tous les sentiments. C'est pourquoi je vous aime.

Elle ne se satisfaisait plus tellement de ces grandes déclarations qu'elle estimait flagorneuses et promptes à lui imposer silence.

Le soir, quand elle revenait rue de Savoie, elle se mettait à son atelier et elle reprenait savamment les toiles de Picasso la représentant et elle refaisait son portrait. C'était comme dans un conte fantastique : elle arrachait l'âme de cette femme contenue sur le tableau de Picasso et elle la rendait à sa propre toile. C'était un acte de survie.

Presque à l'identique, on eût pu croire à un plagiat. Mais ce n'était en aucune manière une contrefaçon, une pâle copie. Ce n'était pas un travail d'élève, une parodie. C'étaient au contraire des moments intenses où se transférait sa sève, ses propres énergies que Picasso, disait-elle, lui avait volées. Méthodiquement, elle reprenait ses traits, elle reprenait ses larmes, elle redonnait du souffle à sa propre douleur, clamait sa vérité.

Quand Picasso les vit, il ne fit guère de commentaires. Muré lui-même dans son propre narcissisme, il ne voyait rien du drame qui se jouait.

Pour justifier son travail, Dora argua du fait qu'il s'agissait de scander à quatre mains la douleur de *Guernica*, se dérobant à toute explication personnelle, qui aurait à coup sûr déchaîné la colère de Picasso. Elle n'oubliait jamais qu'il était son maître, et qu'elle était sa maîtresse.

L'exhibition de ses autoportraits lui fut cependant irréparable. Picasso ne laissa rien paraître mais n'en pensa pas moins. Comment avait-elle pu oser s'attaquer à la peinture, et de surcroît parodier ses propres œuvres ? Il y voyait une manœuvre magique, presque du maraboutisme, ce dont il se méfiait par-dessus tout, et une manière pour elle de reprendre sa mise. La partie de poker menteur continuait. Mais en sous-main, Picasso avait déjà jeté l'éponge. Elle restait sa maîtresse, mais elle avait franchi une frontière qui était fatale. Il fallait que tôt ou tard elle soit punie. Qu'elle en meure même.

7

Elle se mit donc à peindre, reprenant son visage dont elle disait qu'il le lui avait « ravi ». Systématiquement, elle conservait les mêmes profils, les mêmes angles, les mêmes perspectives. Picasso blessé dans son orgueil en porta ombrage et tout ce qu'il avait fondé à partir d'elle s'écroula comme un château de sable. Elle était quelque part méprisable à peindre « comme lui ». Et, en même temps, il ne pouvait y renoncer. Il ne la respectait plus avec la même révérence qu'autrefois, tout cela était retombé comme un flan, mais il ne voulait pas la voir chuter sous ses coups. Au début de leur liaison, ce qu'il avait aimé en elle, c'était sa manière de le défier, elle était de la même essence, de la même veine que lui, et voilà qu'elle redevenait « faible femme » avec ses crises, ses pleurs, ses pauvretés sentimentales qu'il détestait par-dessus tout. Il la voulait plus forte qu'elle n'était en réalité. La photo qu'il avait prise d'elle, à Boisgeloup, aurait dû cependant l'en avertir. Ses yeux imploraient de l'aimer, de la protéger, de la soumettre. C'était ça qui l'avait séduit.

Bravache, elle portait ses toiles fraîchement réalisées à l'atelier des Grands-Augustins. Picasso feignait de ne pas les voir, bien qu'elles fussent posées contre les murs, sur une chaise, en évidence. Parfait contrepoint à celles qu'il avait peintes. C'était une manière de dire qu'ils étaient liés, que leur création était mutuelle, qu'elle se nourrissait de leurs deux sèves, de leurs énergies.

Le début de l'été vint bousculer leur petit jeu cruel. *Guernica* avait rejoint le pavillon espagnol. Une place d'honneur lui avait été réservée. Picasso était fier de son travail et commençait à mesurer l'importance qu'il revêtait dans l'imaginaire collectif. Certes, il se désolait que les visiteurs l'aient imaginée comme étant une œuvre engagée, une sorte de réponse au nazisme montant et au franquisme abhorré. Ils ne voyaient pas tous encore que *Guernica* était un symbole universel qui pourrait illustrer dorénavant toutes les violences exercées dans le monde et par tous les âges contre les hommes. Tous les hommes. Dora de son côté déplorait que son travail ne fût pas assez reconnu. Picasso n'en avait cure, sa participation dans l'œuvre était à ses yeux personnelle et secondaire et ne devait pas dépasser les limites de l'atelier.

— Non, se convaincait Dora, *Guernica* n'est pas et ne sera jamais une œuvre à quatre mains.

Sa déception fut terrible. Elle devint taciturne plus que de coutume. Bougonne et même revêche. Certains voyaient qu'elle changeait à vue d'œil.

Elle était moins élégante, plus renfermée sur elle-même, sombre malgré les efforts qu'elle pouvait faire pour paraître à la hauteur de l'enjeu : rester auprès de Picasso malgré tout, les rebuffades, les affronts, les maltraitances, les coups même.

Il se disait en effet, mais était-ce une rumeur de la Cour, que Picasso la frappait tant elle le poussait quelquefois à bout.

Mais, pour lui, la vie l'emportait toujours. Elle était semblable à une énorme crue qui devait tout charrier, les chagrins, les malheurs, les défaites et les hommes bien sûr, au-delà de leurs illusions et de leurs rêves.

C'était ce qu'il tentait de dire à Dora, dans la prolixité même de sa production pour la plupart consacrée à elle.

L'été arrivant, il fallut partir vers la Méditerranée, voyage obligé pour Picasso et ses amis. Toute la petite « famille », comme disait Picasso, était là, Les Zervos, Man Ray et Ady, sa maîtresse martiniquaise, Lee Miller avec Penrose …

Dora était du voyage bien sûr. Mais le cœur n'y était guère. Picasso s'en était aperçu et lui en avait fait la remarque :

— Vous traînerez donc toujours votre méchante humeur, sombre et funeste avec vous ? Vous finirez par nous porter tous malheur !

Elle n'avait pas répondu. Mais ce qu'elle considérait jusqu'alors comme une arme, se taire, devenait une faiblesse, la preuve d'un échec. Puisqu'elle ne répondait rien, puisqu'elle ne réagissait pas comme lui, Picasso, l'aurait aimé, eh bien, on la chargerait, on l'humilierait. C'est dans cet état d'esprit qu'elle prit la route dans la voiture de Picasso pour Mougins et l'inévitable hôtel *Vaste Horizon.*

La vie communautaire n'était pas la prédilection de Dora. À l'inverse d'elle, Picasso y voyait un temps de détente, une existence de potache et de bohème qui le soulageait du labeur des mois précédents. La Côte était écrasée de soleil et les terrasses de l'hôtel, abritées de canisses, propices à la lecture, au farniente, aux apéritifs. La « famille » s'y adonnait, et même prolongeait ses soirées par des jeux érotiques que Picasso proposait, tous axés sur l'échange des couples. Il n'était pas en reste sur ce sujet et ses amis lui offraient volontiers leur maîtresse. Dora, elle, se rétractait tout entière, refusant de participer à ces parties. Comme elle était (plus que Man Ray) la photographe officielle de la « famille », Picasso lui demanda de photographier leurs ébats. Comme elle résistait, il lui dit :

— Ne faites pas la violette (ce qui pour lui signifiait « la délicate »), vous oubliez trop vite que vous avez été la maîtresse de Bataille. C'est d'ailleurs pour ça que je vous ai remarquée…

Elle avait l'habitude de supporter les brimades de Picasso, et n'y faisait même plus attention, du moins en apparence et se murait dans ce qu'elle appelait « sa dignité ». La chaleur de l'été prêtait à ces libertés sexuelles, Ady, Nush n'hésitaient pas à évoluer poitrine nue, s'offrant symboliquement au regard de ceux qu'elle croisait. Au contraire, Dora, dont Éluard disait qu'elle était un « volcan de santé », apparaissait toujours vêtue, dans des maillots de bains très enveloppants ou bien athlétiques, sans suggestion érotique.

Picasso décréta enfin que, chaque jour, Dora devrait poser pour lui. Elle accepta ce nouveau désir parce qu'il lui maintenait encore sa place de favorite, de maîtresse officielle, mais elle en connaissait le prix. Chaque tableau fini révélait un portrait défigurant de Dora, exhibé à toute la « famille ». Rires, moqueries, sarcasmes, étaient le lot de réflexions que son visage suscitait.

— Les larmes, disait Picasso, je ne vois qu'elles, les larmes… Que voulez-vous y faire ?

Elle s'éloignait souvent du groupe, s'allongeait sur le sable brûlant, s'exposait au soleil avec constance ; Kazbek, le chien afghan, la rejoignait, aussi silencieux qu'elle, aussi indifférent au monde extérieur. Sans désir particulier, il semblait supporter comme elle, sa vie, son existence de chien, pas réclamée, livré seulement au passage du temps, à sa pesanteur. Picasso, quand il la rejoignait, la croquait rapidement, sur un bout de papier, et c'était « sa » Dora aux yeux clairs et étonnés qui surgissait sous ses doigts, sirène échouée sur la plage. De son « corps en gerbe déployée », comme le décrivait Éluard, voyait-il, la lame de la hache « au bord de la blessure » que le poète avait décelée en elle ? Et s'il la voyait, n'en faisait-il pas justement un motif de jouissance supplémentaire ?

Elle avait retrouvé la terrasse de *Vaste Horizon* avec ses canisses qui zébraient les corps de ceux qui s'y abritaient du soleil. Avec son œil de photographe, elle avait déjà dégainé son appareil photographique l'année précédente, au même endroit, pour capturer, vivants mais piégés, les amis de la « famille » et Picasso lui-même. Cette année encore, elle s'amuserait à les isoler dans la cage aux barreaux que faisait à son insu la tonnelle estivale, comme Picasso s'amusait à l'enfermer dans ses tableaux...

Mais tous ces subterfuges étaient vains à ses yeux, vains et révolus. Éluard, de tous, était celui qui l'avait le mieux cernée. Ne l'avait-il pas affirmé dans un poème inclus dans *Les Yeux fertiles* : « Cette santé bâtit une prison » ?

Elle seule cependant savait qu'elle n'était pas en bonne santé même si son corps incarné semblait prétendre le contraire. Elle devrait s'accommoder de cette existence frustrante pour elle : que pouvait-elle espérer de mieux que de vivre à la clarté funeste de l'ombre portée de Picasso ? Au milieu de la nuit, quand elle ne pouvait dormir, en général vers trois heures du matin, « l'heure du diable », disait-elle, en souriant mystérieusement, elle écrivait des vers, jetait sur des pages de ses carnets des mots qu'elle assemblait, reliait, défaisait, renouait : « Je vois, je lis j'oublie/Le livre ouvert de mes volets fermés [5] », écrivit-elle, ne laissant par là aucun doute sur sa mélancolie originelle. Elle se souvenait en souriant un peu de ce qu'avait dit dans son poème Paul Éluard : elle était « intraitable démesurée/Inutile ». Il fallait qu'elle s'accoutume à ces paradoxes qui la constituaient, à toutes ses contradictions.

Elle feignit pourtant d'être heureuse, de poursuivre son histoire avec Picasso. Elle n'avait pas d'autre choix. Lui, oui. Celui de la congédier, de changer de maîtresse, de concevoir de nouveaux projets, qui tous seraient de toute façon loués et célébrés, puisque tout ce qu'il touchait, jusqu'au moindre galet de la plage qu'il pourrait décorer, se transformait en or.

— Tes yeux bleus sont lavés de l'eau de la mer, lui avait-il dit. Ils ont la clarté embuée des petites aubes. Et jamais ils ne semblent croiser le regard des autres. Ils dérapent vers d'autres mondes, connus de toi seule.

Elle acceptait ce qu'elle prenait pour un compliment. Breton déjà lui avait fait pareil aveu. Elle ne fardait jamais ses yeux parce qu'elle savait qu'à eux seuls ils pouvaient entraîner ceux qui l'aimaient. Elle n'ignorait rien de leur capacité de séduction, leur singularité. Elle en jouait quelquefois, mais plus depuis longtemps avec Picasso. Entre eux, l'histoire se déroulait ailleurs, dans des territoires plus exigeants, moins anecdotiques. Mais pour

Dora, Picasso l'avait déjà capturée. Elle ne pouvait plus jouer de ses yeux, de leur transparence d'huître ou de ciel délavé.

Très vite, très tôt, dans la photographie comme dans la peinture, Picasso lui avait tout ravi : ce que contenait le visage, non seulement sa pulpe, sa chair, sa sève, sa fermeté, mais surtout sa lumière, son éclat, son or. L'acharnement qu'il mettait à faire ses portraits relevait d'une violence qui l'annulait. Elle avait abandonné pour cela l'idée de se peindre. La parade était inutile et vaine. Elle ne se sentait pas capable de résister à sa pente naturelle et secrète, qui était d'être soumise.

La réception de *Guernica* fut au-delà de toutes les espérances, malgré les quelques réserves émises par les commanditaires qui n'y voyaient pas assez l'engagement qu'ils auraient espéré.

À l'issue de l'Exposition internationale, la toile fut présentée avec d'autres œuvres emblématiques de l'art moderne, dans les pays du Nord.

— *Guernica* part pour un long périple, Dora, annonça Picasso. Oslo, Copenhague, Stockholm, Göteborg.

— L'exil, toujours l'exil, répondit mystérieusement Dora.

— Vous avez raison, c'est la nature de la peinture elle-même. Elle va vers les autres, elle chemine sur les routes. Après ce sera sûrement Londres qui réclame déjà le tableau.

Dora écoutait sans montrer trop d'intérêt à la conversation. *Guernica* portait dans sa trame même les stigmates de leur histoire, ces semaines passées auprès d'elle, dans sa patiente élaboration.

Sa fortune ne faisait plus de doute. L'œuvre devenait peu à peu un symbole, celui de la violence qui engendrait le chaos. L'Espagne, Franco, la République espagnole, la guerre civile, tout ce malheur avait été emporté dans la grande arche des violences faites aux hommes de par le monde, sous tous les cieux.

Dora se sentait fière intérieurement d'avoir participé à cette aventure. Elle se taisait dorénavant sur toutes choses. Comme si elle n'avait plus le droit à la parole. En exil elle aussi. Définitivement. Elle se souvint de ce que Picasso prétendait, elle n'était pas Dora pour elle-même, Dora n'existait pas, elle était, elle pouvait être tout aussi bien « un chien, une souris, un oiseau, une idée, un orage [6] ».

Elle pouvait être le modèle moqué et tyrannisé de Picasso, plus rien n'était important. Elle avait l'impression d'avoir déposé son fardeau, celui de l'enfance surtout, qu'elle traînait comme une mendiante, semblable à celles qu'elle avait croisées et photographiées à Barcelone. D'ailleurs, elle ne photographierait plus rien.

Peut-être peindrait-elle encore, qui sait ? Mais alors plus de ces portraits vengeurs qu'elle avait cru bon de faire pour contrer l'entreprise destructrice de Pablo. Rarement, elle l'appelait ainsi. Pablo.

Préférant le nommer Picasso : « encore une distance », disait-elle en soupirant.

Quelquefois, elle vacillait, elle croyait que son esprit la lâchait, et qu'elle dérivait comme une barque sur une mer houleuse.

Elle tenait un petit journal. Elle n'était pas trop assidue, mais elle se confiait à lui, comme pour épancher ses angoisses. Mais consciente aussi qu'un jour, on pourrait le lire et l'utiliser contre elle. Elle tenait aussi énormément à sa réputation, à ce qu'on dirait d'elle après sa mort. Seulement la maîtresse de Picasso ? Elle préférait, disait-elle, qu'on la désignât comme la servante docile du Maître.

Pour l'heure, toutefois, après les vacances de Mougins, elle n'eut pas l'impression que Picasso voulût la congédier. Elle avait réintégré son appartement atelier, et maugréé contre l'installation définitive de Sabartés, le « chef de cabinet » de Picasso, dans l'atelier des Grands-Augustins. Dorénavant, il faudrait donc être sous l'œil vigilant du zélé secrétaire. Elle le détestait, d'autant plus que bien que marié, il se conduisait à ses yeux en véritable « femelle » et qu'elle n'aimait pas du tout cette servilité de courtisan flatteur chez les hommes. Mais elle n'avait pas de pouvoir suffisant pour contrer sa présence. Elle le subissait donc.

Picasso gérait son petit monde avec une malice évidente. Il avait instauré de nouveaux rites, des règles, des heures de visite précises, et chaque soir l'appelait au téléphone pour lui dire de venir dîner avec lui. « Venez », lui disait-il fermement. Et elle venait, mieux encore, elle se précipitait. C'était finalement ainsi qu'elle entendait enfin l'aimer. Dans cette docilité que d'autres pouvaient considérer comme misérable. Elle avait toujours eu de la tendresse et de l'intérêt pour les grandes mystiques de la religion chrétienne, ses « petites saintes », comme elle les appelait. Elle trouvait qu'elles incarnaient la perfection de l'amour. Elle n'avait d'ailleurs pas critiqué l'abandon extrême de Colette Peignot auprès de Bataille, elle n'en avait pas été capable à ce moment-là, mais avec Picasso, l'heure était peut-être venue de se laisser dévorer par le Minotaure. Le taureau qui veillait dans la grande toile de *Guernica* était toujours présent, comme celui qui l'avait possédée dans un des premiers dessins qu'il avait faits d'elle : le monstre mi-homme mi-bête qui la recouvrait de toute sa puissance animale et qui la pénétrait.

Comme elle avait pris l'habitude de le faire, le soir, quand elle se retrouvait le plus souvent seule et que Picasso ne l'avait pas convoquée, elle écrivait sur son journal ses impressions : « Je m'en souviens, pas un mot, pas une parole d'amour ou de révolte, mais seulement en moi déjà la docilité absente de tout sentiment, indifférente presque. Et lui, le taureau, cherchant dans mes yeux fuyants une lueur de désir avide, mais qui ne la trouve pas et pour cela s'acharne sur moi, me viole littéralement. Et en même temps, m'approcher quand même de l'idée que je me fais d'aimer. De l'amour. Je dois accepter cette folie d'être possédée. Renoncer à en être révoltée et en être satisfaite. Jouir de la prison qu'il m'a offerte. »

Les portraits qu'il faisait d'elle, quasi tous, laissaient la trace de cet emprisonnement. Du fauteuil aux bras qui l'enserraient à la pièce aux lattes horizontales dans laquelle il l'enfermait comme dans une boîte, elle avait fini par abdiquer sa révolte, par ne plus rien laisser paraître, et même dans cette accoutumance, par être heureuse. Elle rapprochait cet état d'un ensorcellement bienheureux, à la manière d'une mystique. Abandon, douleur, solitude et enfermement : voilà ce qui constituait le suave bonheur de cet amour.

Guernica triomphait ici et là, en Europe du Nord, mais la guerre en Espagne ne tarissait pas. Au contraire, elle s'étendait dans les grandes villes, et de nouveaux Guernica surgissaient sans soulever d'indignation. Dora tentait encore en peignant de nouvelles toiles d'échapper à l'emprise de son Maître, mais vainement. Elle était comme entrée dans une phase mystique qui la clouait à lui, attendant extatiquement qu'il la reçût et l'aimât. Elle observait qu'elle jouissait de cette humiliation quotidienne, où alternaient des instants de douceur et de tendresse et des violences psychologiques qui la ravissaient. Elle aurait voulu y échapper, et en même temps elle y succombait avec une joie intérieure, reconnaissant à Picasso le droit de dépecer son visage et son corps pour mieux la rejoindre au fin fond de son corps intérieur, spirituel, ce lieu quasi divin, inaccessible, où devait se loger l'exigeante beauté de son âme.

— J'accepte donc cette dépendance, cet amour fou. Cet amour-piège, se disait-elle, pensant à cet objet qu'il avait façonné au tout début de leur histoire, venu de Boisgeloup : une figurine faite de roseaux, les bras ouverts et prolongés de petits racloirs de fer en guise de doigts crochus, et tout le corps assemblé de fils et de ficelles noués entre eux, formant un piège au haut duquel il avait posé une boule de métal argenté pour simuler la tête. Objet qui pouvait avoir été fait par quelque chaman d'une lointaine ethnie, objet vaudou à coup sûr. Et si c'était elle qu'il avait ainsi représentée, bras et jambes entravés par tout un réseau de fils, dans l'impossibilité de s'échapper ? Et comme néanmoins ces entraves lui étaient douces puisqu'elles la gardaient au fond tiède de leur nid !

Dans leur amour singulier, elle trouvait finalement son bonheur. Le Minotaure avait au bout de son labyrinthe un lieu où loger douillet et confortable, auquel elle rajoutait la douceur de son corps chaud. Il lui en était souvent reconnaissant, content de cette tendresse qu'elle savait aussi lui apporter, ce « nid de plumes que tu as tissé de toutes les couleurs et que tu as aromatisé de l'amour des fleurs », comme il l'avait écrit.

Elle seule savait de quoi était fait Picasso, de quelle étrange et équivoque nature il était composé : double et multiple, insaisissable de quelque façon. Étranger peut-être à lui-même. Le Minotaure assoiffé de chair jeune souffrait, elle le devinait, de son appétit monstrueux, de son surcroît d'énergie, de cette boulimie de vie qui le faisait peindre sans cesse, ne jamais lâcher la corde qui le tenait éveillé, et l'obligeait, dans une astreinte douloureuse, à peindre, à peindre jusqu'à l'épuisement. Il s'en était ouvert au détour d'un long poème surréaliste qu'il avait écrit, tout d'une traite, comme s'il s'exerçait à l'écriture automatique, et tout à coup avait surgi l'aveu, terrible, tragique, et elle avait tout compris de sa souffrance et de sa voracité : « Je n'en peux plus, avait-il écrit, de ce miracle qui est de ne rien savoir dans ce monde et de n'avoir rien appris qu'à aimer les choses et les manger vivantes. » Les mots auxquels il s'était confié avaient soudain éclairé sa vaste nuit et Dora s'en était émue, et elle avait reçu cet aveu comme une révélation, un don qui venait de lui être accordé.

Tout semblait désormais joué. Elle avait voulu être sa maîtresse et elle y était parvenue. Lui avait sa proie et tenait plus que jamais à la garder puisqu'elle l'inspirait violemment. À eux deux, ils se complétaient amoureusement. S'accomplissaient. Lui dans son génie, elle dans sa vraie nature. Guernica, la guerre civile en Espagne, le nazisme défiant toute l'Europe et le monde, la chute des Républicains en 1939, la déclaration de guerre, tout allait trop vite. Dora voyait que le monde entier allait s'enfoncer dans la guerre, mais elle ne s'en inquiétait pas davantage. « La guerre, disait-elle en soupirant, j'en connais les ravages, je l'ai toujours connue, j'en sais les ruses et les brutalités... Qu'elle se déclare vraiment ! »

Elle faisait toujours partie des voyages de Picasso. Elle ne s'en étonnait même pas. Elle était simplement du voyage. Chaque été, c'était le même cérémonial, le même rituel. On chargeait la grosse voiture noire, la Hispano-Suiza, et l'on descendait vers le Sud-Est, Antibes cette année-là. Picasso rayonnait d'énergies. Celles qu'il voulait bien montrer, solaires et lumineuses et que ses invités croyaient voir. Ceux, comme Dora, qui avaient le regard plus perçant, plus affûté, connaissaient aussi l'envers de ces énergies. Noires et sombres comme les fonds invisibles de la mer. Mais qu'importait de tout savoir. Il ne s'agissait que d'aller, que d'avancer, que de rejoindre aussi la guerre. Celle qui, pour une fois, allait jeter son masque.

Mais en vérité, Dora savait qu'elle avait depuis longtemps commencé. Pour s'en convaincre, la mort de Vollard, en août 1939, tué sur le coup dans sa voiture à cause d'un coup de frein qui précipita un bronze de Maillol sur sa nuque. L'accident tragique jeta la consternation dans la petite Cour et Picasso en fut bouleversé. Dora, elle, savait que tout allait continuer, jusqu'à la fin de toutes choses, jusqu'à l'exil définitif.

Elle faisait glisser sur ses lèvres ce petit sourire cynique qui lui seyait si bien, quand elle entrouvrait sa bouche pour y glisser l'embout d'or de son long fume-cigarette, comme une vamp désabusée.

Picasso, en écho à Dora, venait de peindre un tableau aux couleurs vives qui, quelque part, inconsciemment, était de la même facture que *Guernica*, mais coloré cette fois, vivement. Il l'avait intitulé *Pêche de nuit à Antibes*. On y voyait deux femmes, mangeant un cornet de glace devant la mer : Dora bien sûr et son amie Jacqueline qui l'avait rejointe. Un pêcheur dans une barque perce d'un trident un large poisson plat tandis qu'un autre, accoudé au bastingage de l'embarcation, scrute avec cruauté les grands fonds marins. La menace de la guerre, la cruauté des hommes, l'insouciance innocente et joyeuse des femmes racontaient tout de l'affreux et absurde ballet de l'existence humaine.

— J'aime votre tableau, Pablo, dit Dora avec une fermeté qui ne laissait aucun doute sur son affirmation. Il est ce que nous sommes, des passants imprudents qui contemplent les mises à mort. Voyez la sole, qui va être transpercée comme le Christ de la lance du centurion, son drame se joue dans la parfaite insouciance du soleil d'été, le long de la promenade à Antibes… Et tout passe, tout se meurt.

Pendant Guernica

Picasso admira encore une fois la justesse d'analyse de Dora. Elle non plus n'ignorait rien, il n'en avait jamais douté, de la profondeur de la pensée de Calderón. La vie est un songe décidément et tout n'est que mensonge et scène de théâtre…

Épilogue

Les années passèrent.

Guernica, de retour de sa tournée en Europe du Nord, repartit le 1er mai 1939 pour l'Amérique à laquelle Picasso l'avait confié tant que les libertés publiques ne seraient pas rétablies en Espagne où il voulait que le tableau soit définitivement installé. Seul Franco faisait obstacle à son vœu. *Guernica* découvrait à son tour l'exil. Picasso et Dora tant bien que mal poursuivirent leur histoire. Picasso, qui avait vu en elle l'image même de la douleur universelle, ne cessa pas de la peindre et de la déposséder d'elle-même, de son beau visage de madone qu'il avait aimé et dont Man Ray avait su si bien saisir l'expression de douleur et d'abandon. Dora, elle, vécut dans cet entre-deux tragique qui tantôt la rendait heureuse (« tout subir plutôt que la perte », disait-elle), tantôt la révoltait. Alors elle se cabrait et hurlait sa douleur en fuyant dans Paris, errant le long des quais, à vélo, ou à pied, partout, pourvu qu'elle pût alors respirer un peu.

Picasso voyait bien que la folie rôdait et la guettait, il s'en inquiéta et la mit entre les mains de son ami Jacques Lacan, alors jeune médecin psychiatre à Sainte-Anne. L'apprenti sorcier, déjà imprévisible, lui administra des électrochocs qui la rendirent peut-être plus folle qu'elle ne l'était déjà, en tout cas encore plus mélancolique. Elle subit des brimades, des violences même, la présence de Marie-Thérèse, Picasso ayant rassemblé son premier cercle à Royan alors que Paris était occupé par les Allemands. Elle passa ses journées dans un hôtel de la petite ville de vacances, confinée mais pas malheureuse non plus, puisqu'elle était près de son Maître qui, de retour de la visite qu'il rendait quasi quotidiennement à Marie-Thérèse et à sa fille Maya qu'il aimait passionnément, la retrouvait dans sa chambre. Les jours, les semaines passaient, dans la rumeur de la guerre dont personne ne pouvait prévoir l'issue, loin des lignes de front, à l'abri artificiel d'une petite station balnéaire. Mensonge et faux-semblant encore… Mais la grande révoltée qu'elle fut, avant même sa liaison avec Bataille, avait disparu. Elle attendait seulement. La fin de la guerre ? La rupture fatale ? La mort ? Elle n'en savait rien. Elle connut aussi des épreuves douloureuses. La mort de son ami Max Jacob, que la rétention au Vél' d'hiv' puis dans les camps avait précipitée. Elle en avait beaucoup voulu à Picasso de n'avoir pas levé le petit doigt pour sauver leur ami. Il y eut aussi sa mère avec laquelle elle s'était disputée au téléphone et qui était morte soudain, foudroyée par une crise cardiaque, la laissant seule au bout du fil. Elle la retrouva le lendemain étendue sur le sol, le récepteur de téléphone dans la main. Plus que jamais, elle était devenue « la femme qui pleure », celle qui n'avait plus que ce signe caractéristique pour la désigner. Rappeler son passage auprès de Picasso. Lui, était saisi d'une énergie redoublée. Il peignait, il dessinait, prospérant sur le malheur de ses proches, il voyait ses amis ; la guerre lui avait fait prendre conscience de sa portée dans le monde, il devint plus politique, étoffant ses engagements et ses idées en la matière. Pour Dora, tout n'était qu'esbroufe et mensonge. Mais le temps oubliait tout, recouvrait tout. Puis arriva l'inévitable.

Survint Françoise Gilot, une jeune étudiante elle-même peintre, dans laquelle Picasso vit comme dans une apparition, une fleur. Il en tomba amoureux et rapidement se déprit de Dora. Elle était désormais devenue un problème pour lui. Elle voyait son jeu habile mais décidé, et elle savait qu'elle n'y pourrait rien. Il lui donna une maison de campagne, une jolie demeure de maître dans un village du Lubéron, à Ménerbes. Un cadeau d'adieu. Elle n'avait d'autre choix que de l'accepter, y déposer ses toiles, sa collection de Picasso, et surtout son exil.

Elle fit d'abord semblant de vivre une vie normale, feignant de ne rien laisser paraître de sa douleur secrète, de sa blessure profonde. On la vit ici et là dans des galeries, dans des expositions, à des vernissages, même à des soirées mondaines, accompagnée d'amis marchands d'art ou antiquaires, en général homosexuels. Puis un jour, elle décida de vivre sa vie d'exilée absolue.

Geste spirituel, geste surréaliste, mais surtout geste mystique.

Elle vécut dès lors entre la rue de Savoie, devenue une vraie tanière et Ménerbes, qui lui ressemblait tant.

Elle tenait encore son journal et lui confiait combien les paysages sauvages et ventés du Lubéron correspondaient à sa vraie nature, celle qu'elle avait retrouvée. Quelquefois, à vélomoteur, elle rendait visite à Nicolas de Staël installé tout près, mais la plupart du temps, elle s'obligeait à vivre l'exigeante nécessité de la vie monacale à laquelle secrètement elle aspirait. Juste avant son grand silence, elle avait visité Venise avec James Lord, qui l'aimait bien et qui lui avait fait une cour discrète et platonique, car il aimait les garçons. Un soir, elle s'en souvint longtemps après, elle faillit se laisser porter par la griserie de l'abandon. C'était la nuit, à l'issue d'une soirée, elle était sortie prendre l'air sur un balcon qui donnait sur un parc. La nuit était délicieuse. La lune brillait et nappait de lumière scintillante et blanche le parc tout entier. James Lord était tout près d'elle et elle avait entendu, précisément, le frémissement de son désir qui, soudain, étrangement, s'imposait à lui. Elle-même en avait ressenti la douceur, et elle avait été émue de cette onde si tiède qui l'avait parcourue. Mais très vite, elle se ressaisit.

— N'ayons plus de ces faiblesses, mon petit, lui dit-elle, presque hautaine [7].

Elle revint à Ménerbes, écrivit ses poèmes qu'elle retouchait sans cesse, suivait de loin les événements artistiques à Paris, et ne quittait jamais en esprit Picasso, qu'elle ne revit qu'une ou deux fois. Le temps faisait son œuvre. Mais pas celle de l'oubli ni de l'effacement. Au contraire, il avait scellé quelque chose d'indéfectible qui avait été et jamais ne serait défait. Il y aurait pour lui d'autres femmes sûrement, des enfants même, et encore d'autres amours puisqu'il était un dieu vivant, plein de cette féroce énergie qui le portait jusqu'à l'épuisement de ses forces. Elle ne pouvait cependant s'empêcher de penser que tout était mensonge. Frelaté et impardonnable.

Quand elle revenait à Paris, elle s'enfermait rue de Savoie et ne voulait voir personne. Ne répondait plus à ses anciens amis qui quelquefois ne manquaient pas de prendre de ses nouvelles et auxquels elle ne voulait plus écrire ni téléphoner. Elle se porta vers la religion. Revint vers ce qu'elle pensait être sa raison première de vivre. Prier, pour peut-être expier ses péchés, ses fautes qu'elle disait avoir commises auprès de Bataille comme de Picasso. Elle était prise en main par des congrégations qui sûrement louchaient sur son héritage, qu'elle savait colossal. Elle possédait des toiles majeures de

Picasso. Elle laissait entendre qu'elle ferait un legs très généreux à l'Église mais nul ne savait si elle en avait parlé à un notaire.

Elle peignait aussi, des paysages surtout. Les visages n'avaient plus sa faveur. Elle en avait trop souffert. Alors, grâce à la poésie rugueuse de son bon ami, le poète André Du Bouchet, un des seuls visiteurs qu'elle tolérait, elle peignait les paysages de pierres et de rare végétation du Lubéron, la garrigue sèche et s'employait surtout à peindre le passage du vent. Elle disait que le passage du vent justement était la clé même du mystère de la vie. Le vent balayait les terres solitaires, ne faisait que passer sans se soucier des désastres laissés sur son passage ou des hommes qui y vivaient. Il passait seulement, indifférent et solitaire.

Comme elle.

— Oui, c'est cela, James, devenir indifférente et solitaire. Joli programme, n'est-ce pas ?

Une autre fois encore, elle crut renier sa promesse d'éloignement et d'exil cette fois assumé. C'était toujours avec James Lord, le confident énamouré dont elle se méfiait toutefois car, toujours suspicieuse, elle craignait qu'il ne convoitât un de ses trésors. C'était au château de Castille, chez Douglas Cooper. Après le dîner, Dora était allée s'allonger dans sa chambre. Lord était sorti dans le jardin fumer une cigarette puis était repassé devant la chambre, restée entrouverte. Dora était assoupie. Lord entra doucement et s'allongea à ses côtés.

— Ça va ? lui avait-il dit.

— Oui, répondit-elle. Mais qu'est-ce qu'aller ? Il faudrait seulement considérer qu'aller bien, c'est être ou se sentir au plus juste de soi-même. À ce moment précis où l'on parle. Eh bien, voyez-vous, mon chéri, c'est le cas à cette heure.

Lord était très troublé, Dora avait cette faculté de tout retourner, de faire basculer les idées reçues, les états définitifs. Était-il suffisamment homosexuel pour ne pas oser lui faire l'amour à ce moment précis ? Il hésita. Les jasmins qui entouraient les fenêtres ouvertes exhalaient leur parfum très sucré qui enivrait. Lord crut qu'il était envoûté et que Dora, en vraie magicienne, l'avait enchanté. Il lui prit sa main, et la posa sur sa poitrine. Dora fit un soupir qui parut à Lord assez équivoque pour croire qu'elle était en train de lui céder. Il insista, bravache et tremblant.

— Peut-être que quelque chose entre nous existe vraiment ? Peut-être que quelque chose peut arriver ?

Dut-il ainsi formuler son désir ? Car Dora se ressaisit comme si Lord avait rompu le charme.

— Ne vous méprenez pas, James, « ma situation est telle qu'il ne peut rien y avoir », dit-elle simplement[8].

Les jours dorénavant passèrent dans l'indifférence et une sorte d'ennui assumé qui ne lui déplaisaient pas. C'était sa vie désormais, sa vie sans Picasso, mais rien n'était oublié. Tout était recélé au fin fond d'elle-même : corps forteresse, corps citadelle.

L'arrachement à Picasso lui avait porté un coup fatal dont elle savait qu'elle ne se remettrait jamais. Mais même le coup lui était doux, puisqu'il venait de lui et qu'elle l'aimait encore et qu'elle l'aimerait toujours. Elle redisait souvent les vers de Louise Labbé sur l'impossible oubli de l'amour : « Je vis, je meurs, je me brûle et me noie… » Et quelquefois, ses propres vers reflétaient ceux de la poétesse de la Renaissance. Elle ne parvenait pas à ensevelir totalement les derniers instants, ceux où il lui avait offert un dessin qu'il avait fait d'elle et qui la représentait plus détruite que jamais. Dans la voiture du retour, ils s'étaient violemment disputés, il l'avait fait déposer devant chez elle, rue de Savoie, et il n'avait plus jamais donné signe de vie. C'était comme s'il avait voulu l'achever définitivement.

— Comment était-ce possible, se disait-elle, se voir, se parler, s'aimer pendant des années, ne pas se quitter seulement un jour, et soudain rien, plus rien ?

Elle croyait vaciller, elle titubait, et tentait quand même de se tenir rivée près du récepteur de téléphone au cas où il la convoquerait de nouveau. Mais les jours passaient et il ne revenait pas. Picasso était déjà en train de dessiner Françoise, en fleur, en soleil éclatant, dans sa pleine jeunesse.

Mensonge, tout n'avait donc été que mensonge. Les mots de Calderón scandaient ses nuits et ses jours. Il n'y avait pas d'autre confiance à accorder qu'à celle de la nature sauvage de ce Lubéron qu'elle commençait à adopter. Avec cette force que les exilés mettent à s'enraciner quelque part, d'autant plus fortement qu'on leur a ôté la source qui les faisait vivre.

Puis Picasso mourut. Quand elle l'apprit, elle ne prononça pas un mot, ne fit aucun commentaire. Quelques jours plus tard, elle dit seulement que le désastre de sa vie à lui allait maintenant commencer. Qu'après la gloire absolue viendrait le temps de la désillusion et des masques qui tombent. Un an après, tout juste, le 1er mars 1974, la presse fit ses grands titres avec une information qui atteignit même le haut de la vallée de Ménerbes. Une information que le vent du Lubéron, farouche et brutal, ne put pas balayer comme il le faisait de tout d'ordinaire, de la vie, des sentiments, des existences humaines, de la nature…

Un artiste iranien avait profané *Guernica*, au MoMa de New York. L'individu avait bombé en rouge la toile en écrivant ces mots : « Kill lies all. » Tuer tous les mensonges…

L'injonction fit pâlir Dora. Dans sa solitude, elle lui donnait raison. Tout n'avait été que « mensonge et poursuite du vent », comme disait le roi David dans un de ces *Psaumes* qu'elle affectionnait. Elle posa doucement le journal sur la table de bois rustique qui lui servait pour déjeuner frugalement, entre deux toiles qu'elle peignait, et se mit à contempler la nature devant elle. Depuis les hautes fenêtres qui dominaient la vallée, comme si elle observait depuis une place forte, elle vit tout le paysage s'étaler sous ses yeux. Il était vaste, et sans pittoresque particulier. De larges traînées de nuages qui viraient au mauve s'étiraient en écharpe dans la vallée comme la coulée d'un fleuve, elle pouvait discerner des maisons, éparses, logées ou mieux encore, « pelotonnées », disait-elle, contre des rochers. Quels exils y vivaient-elles ? Quelles énergies les faisaient résister aux abandons ?

— C'est étrange, se disait-elle, *Guernica* me poursuit jusqu'ici. C'est de *Guernica* que tout commença : la jalousie, la rivalité, le désamour, le jeu de l'amour et de la haine, l'œuvre commune, et le reniement, l'abandon, encore et encore…

« Tuer tous les mensonges », avait écrit l'artiste résistant. Les mots résonnaient dans sa tête et donnaient raison à ses résolutions d'en finir définitivement avec l'existence vaine où l'avait conduite Picasso. Mais, de fait, elle ne lui en voulait pas. Elle l'avait aimé à sa mesure, avec fierté et impudence, lui aussi l'avait aimée, violemment, mais jusqu'à l'épuisement de ce qu'elle pouvait lui donner. *Guernica* avait scellé leur intimité et l'avait en même temps déliée.

— C'est pourquoi, ajouta-t-elle, comme pour n'en plus parler, il n'y a ni dépit ni ressentiment. Ne reste que l'admiration et l'éblouissement de ce qui a été vécu.

Elle plia la une du *New York Times* qui faisait état de l'indigne profanation, du scandale qu'elle suscita, et la jeta dans une corbeille à papier qui se trouvait au pied de son grand chevalet. Puis elle regarda de nouveau le paysage par les hautes croisées des fenêtres qui ressemblaient comme deux gouttes d'eau à celles de l'atelier des Grands-Augustins. Elle les ouvrit, respira l'air qui y était entré et goûta le vent, en écartant doucement ses lèvres. En souriant elle se souvint d'une chanson d'Anne Sylvestre des années soixante qu'elle aimait bien, et dont seules quelques paroles lui étaient restées en mémoire : « Fille folle, amante du vent… Mes amours ne sont que du vent… Est-ce aussi le vent que j'ai dans la tête ? » Elle referma la croisée. Elle se dit encore, comme dans un éclair, qu'il ne restait plus que deux exilés dans son monde, elle et *Guernica* à New York et que, lorsque Franco mourrait, la toile irait rejoindre le Prado ou un musée tout spécialement conçu pour le chef-d'œuvre, et alors il ne resterait plus qu'elle, recluse et oubliée de tous au point que certains de ceux qui fréquentaient alors le couple la croiraient morte depuis longtemps.

Mais elle n'en tirait aucune colère, aucune amertume. Seulement cette paisible résignation à laquelle l'amour oblige tôt ou tard mais qui, dans une infinie compassion, l'astreignait pour la consoler de tant de silence à s'émerveiller quand même de l'incontrôlable beauté de la vie.

Notes

1. Cité in *Les Vies de Dora Maar. Bataille, Picasso et les surréalistes*, Mary Ann Cows, Thames and Hudson, 2000.

2. *El Guernica de Picasso*, Herschel B. Chipp cité in *Guernica, Histoire secrète d'un tableau*, éd. du Seuil, 2013.

3. *Les Vies de Dora Maar*, *op. cit.*

4. *Les Vies de Dora Maar*, *op. cit.*

5. *Les Vies de Dora Maar*, *op. cit.*

6. *Les Vies de Dora Maar*, *op. cit.*

7. Anecdote racontée par James Lord dans son ouvrage *Picasso et Dora*, Séguier, 2000.

8. *Picasso et Dora*, *op. cit.*

Pour écrire son roman, l'auteur s'est librement inspiré de la vie et de l'œuvre de Picasso et de Dora Maar. Dialogues, situations, interprétations psychologiques, s'ils sont le fruit de son imagination, reposent néanmoins sur des faits et des événements historiques éparsement rapportés dans des essais, des archives d'époque, des témoignages de contemporains, des entretiens inédits. Ils ne sauraient être une lecture chronologique de la réalité telle que les protagonistes l'ont vécue. Toutefois, chacun sait que l'imaginaire rejoint souvent cette même réalité et la fonde. C'est le privilège de la littérature et de l'art.

Bibliographie succincte ayant servi à l'écriture de ce roman :

Mary Ann Caws, *Les Vies de Dora Maar. Bataille, Picasso et les surréalistes,* Thames and Hudson, 2000.

James Lord, *Picasso et Dora*, Séguier, 2000.

Alicia Dujovne Ortiz, *Dora Maar. Prisonnière du regard*, Le Livre de Poche, 2005.

Anne Baldassari, *Picasso/Dora Maar. Il faisait tellement noir…* Flammarion, 2006.

Androula Michaël, *Picasso poète*, Les éditions des Beaux-Arts de Paris, 2008.

Germain Latour, *Guernica. Histoire secrète d'un tableau,* Seuil, 2013.

Table

Du même auteur *(suite)*

Je vous salue Marie : représentations populaires de la Vierge, Chêne, 1996.
Charles de Foucauld, Éditions du Rocher, 1997.
Marguerite à Duras, Éditions n°1, 1998.
Extase de Tolède, Éditions du Rocher, 1998.
Jean-Paul II, Autrement, 1998.
Alger Alger, Éditions du Laquet, 1998.
Mortel amiante, Anne Carrière, 1998.
Camus : vérités et légendes, Chêne, 1998.
La Princesse de Lamballe, l'ange déchu de Marie-Antoinette, Flammarion, 1998.
2000 ans d'Algérie, vol. II, Séguier, 1998.
La Terreur des chiens, Éditions du Rocher, 1999.
La Maison devant le monde : le désir du bonheur, Desclée de Brouwer, 2000.
Saint-Exupéry, Chêne, 2000.
Marguerite Duras ou l'émergence du chant, La Renaissance, 2000.
Les Chats de Balthus, Flammarion, 2000.
Françoise Sagan, un charmant petit monstre, Flammarion, 2002.
Bernadette, celle qui a vu, Desclée de Brouwer, 2002.
L'Enfance de Jean-Paul II, Le Rocher, 2002.
Les Enclos bretons : chefs-d'œuvre de l'art populaire, Flammarion, 2003.
Journal de résistance d'un chrétien dans le monde, Flammarion, 2003.
Nulle part qu'à Venise, Plon, 2003.
Jean-Paul II, la biographie, First Éditions, 2004.
Jean-Paul II : la vie de Karol Wojtyla, Flammarion, 2004.
Une passion à Venise : Sand et Musset, la légende et la vérité, Plon, 2004.
Antoine et Consuelo de Saint-Exupéry : un amour de légende, Editions des Arènes, 2005.
Les Derniers Jours de Casanova, Flammarion, 2005.

Sur les pas de Marguerite Duras, La Renaissance, 2006.
Éloge des herbes quotidiennes, Éditions du Rocher, 2006.
Jésus, Flammarion, 2007.
La Véritable Histoire du Petit Prince, Flammarion, 2008.
Séraphine : de la peinture à la folie, Albin Michel, 2008.
C'étaient Antoine et Consuelo de Saint-Exupéry : biographie, Fayard, 2009.
Marguerite Duras, une autre enfance, Le Bord de l'eau, 2009.
Albert Camus, fils d'Alger, Fayard, 2010.
Dans les pas de Saint-Exupéry, Ed. de l'Œuvre, 2010.
Saint Jean-Paul II, Plon, 2011.
Les Couples mythiques de l'art, Beaux-Arts, 2011.
C'était notre Algérie, Archipel, 2011.
La Traversée, First Editions, 2012.
Le Bonheur perdu des exclus : 1962, les conditions désastreuses de l'exode des pieds-noirs et des harkis, L'Harmattan, 2012.
La vie la vie, Écriture, 2012.
Antoine de Saint-Exupéry, histoires d'une vie, Flammarion, 2012.
La Cuisine de là-bas : carnet de recettes d'une famille pied-noir, Gründ, 2013.
Albert Camus, fils d'Alger, Pluriel, 2013.
Marguerite Duras, traversée d'un siècle, Plon, 2013.
Trois leçons de Marguerite Duras, Ed. de l'Œuvre, 2013.
Rencontrer Marguerite Duras, Mille et Une Nuits, 2014.
Alger, ombres et lumières : une biographie, Flammarion, 2014.
Les Trésors du Petit-Prince : archives de la succession Consuelo de Saint-Exupéry, Gründ, 2014.
Rimbaud : dernière saison, Ed. de l'Amandie, 2015.
Alger d'hier et de toujours, Archipel, 2015.
Cet été-là, de braises et de cendres, Fayard, 2016.
L'Art jusqu'à la folie : Camille Claudel, Séraphine de Senlis, Aloïse Corbaz, Éditions du Rocher, 2016.
Chez Barbara : la dame brune, Éditions du Rocher, 2017.
Amours fous, passions fatales : trente vies d'artistes, Beaux-arts, 2017.

Cet ouvrage a été mis en pages par

<pixellence>

CET OUVRAGE
A ÉTÉ ACHEVÉ D'IMPRIMER
SUR ROTO-PAGE
PAR L'IMPRIMERIE FLOCH
À MAYENNE EN FÉVRIER 2018

N° d'édition : L.01ELJN000667.N001. N° d'impression : 92330
Dépôt légal : mars 2018
Imprimé en France